Heibonsha Library

墨子よみがえる

〝非戦〟への奮闘努力のた

半藤一利

平凡社

本著作は二〇一一年六月に平凡社より刊行されたものです。

目次

前口上　墨子が読まれるべき秋《とき》

露伴さんの「墨子論」

中国古代の思想家の墨子《ぼくし》のことを書く。

ナヌ、墨子？　知らんなあ、と首を傾げる向きも多いかと思う。なるほど、老子、孔子、孟子、荘子、韓非子《かんぴし》あたりなら、古代思想家として馴染みのある名前ならん。これが墨子となると、いまどきの人々には縁なき衆生視《しゆじよう》されるのが、ごくごく自然というものであろう。なにしろ、その生年生地はもとより没年すらさだかならざる人物である。

司馬遷《しばせん》の名著『史記』には、孔子と同年代人で孔子と勢威を張り合った人物という説と、孔子よりもはるかにあとの男なりとの説の両説が並べて書かれている。鋭利な歴史眼をもつさすがの司馬遷センセイもきめかねたほど、出自や由緒や経歴のすべてが曖昧模糊とした人間なのである。

わが愛読するエッセイ「墨子」論のある幸田露伴さんも、墨子は「周の定王頃に生れて、安王の廿四五年頃に死んだ（……）孔子におくるること百年近く、孟子の師の頃」の人と、まことに大ざっぱな書きっぷりですましている。

歴史年表でこれを検《けん》すれば、周の定王といえば紀元前六〇七年から五八七年までの二十年間王位についている。そして安王の二十四、五年といえば紀元前三七九年か三七八年。これじゃ墨子は二百年近く生きていたことになってしまう。中国史にいう〝春秋・戦国時代〟、つまり世は戦乱につぐ戦乱でゴタゴタしたとき。その戦乱の世の、春秋時代が終って、戦国時代にはいったころ、つまり紀元前五世紀後半に活躍した人物ということになるらしい。とにかくとてつもなくはるかかなたに存在した思想家なのである。

露伴さんは書いている。

「孔子は周の人として特に周公を尊び、周初の文治を謳歌し、何とかして周初の郁々乎として文なる哉の代に一世をして引戻らせたい意を有していたのに、墨子は孔子よりも後の世に出で、世は愈々《いよいよ》自利自恣《し》の念のみ強くなって、且又《かつまた》人情は浮薄で、目前主義、享楽主義、虚栄の是認、奢侈《しゃし》の衒耀《げんよう》、残虐と騙詐《へんさ》、侵略と劫掠《ごうりゃく》、あらゆる悪徳の日に盛んならんとする時に際会したので（……）おのずから孔子とは色彩をも様式をも異にするを以て時を救い世を済《ととの》うの法に於て是なりとするに至ったものと見える」

日本随一の学識豊かな文人ゆえ、露伴さんの書くところは少々むつかしいかもしれないが、戦国の世とは、あらゆるものに権威がなくなり、どこかで戦争が起き、臣下がその君主を倒して国を奪うという下剋上が正当化され、とにかくシッチャカメッチャカな、左様、少しく大袈裟にいえば、われわれが毎日を送っているいまの世の中みたいなときと思えばいい。そんなときに生まれ合わせたばかりに、こんな乱れに乱れた世を何とかしなくてはならない、平和な世界にせねばならないと悪戦苦闘した人が墨子なのである。

そこで、憂国の士として墨子のことを書く気になった、なんていえば嗤《わら》われるのがオチであろうが、ほかにもう一つ別に、身分不相応な挑戦をしてみようと老骨を奮い立たせたわけがあった。そのことについてそのままに再現することをお許し願いたい。

それは、小春日和についウトウトしていたある日のこと、隠居（つまりわたくし）のもとへフラリと訪ねてきたメイ子コトおろく（ある出版社の編集者）との、それこそとりとめのない対話なのである。それはまあ、主題の墨子とはあまり関係がなく、読まれなくてもどうでもいい対話なれども、とくに御用とお急ぎではない方のために、書いてみることにする。

おろくとの対話①

隠居：むかしから「老骨は過去をむさぼって生き、若ものは未来を夢見て生きる」というが、近ごろ何かでっかい夢でもみることがあったかね。
おろく：なーんにも。先行き真っ暗で夢のカケラもない時代なのに、みるはずがないでしょ。
隠居：情けなや。愛の一つや二つ、巷を歩けば転がっておろうが。
おろく：オホホホ、愛だとか友愛だとか、いつぞやはしきりにテレビや新聞でみましたけど、いまどきの女性はだれもそんなものがあるとは思ってやいませんよ。
隠居：フーム、ますます情けなや。そういえば、鳩山ナニガシが祖父譲りの友愛とかの新語をさかんにいっておったときがあったが、そんな甘言に近ごろの若ものはだまされん、ということとなのかね。ま、それもそうかもしれん。第一、友愛なんて言葉は、同じ漢字圏の中国でも台湾でも韓国でも何のことか意味がわからない言葉なんだそうだな。どこにもない、日本のへなちょこ元首相の勝手な造語らしい。
おろく：そしてつづいて、もう昔の話になったけれど、NHK大河でドラマでしょう、直《なお》江山城守兼続《えやましろのかみかねつぐ》の愛……。
隠居：そうじゃ、兜の前立てとして、米沢にいまも残る遺品の兜そのままに、実に立派に愛の兜がつくられておったのう。

おろく：その愛も、夫婦やら父子やら兄弟やら、殿様と家来やらの、仲良しクラブのお話みたいになって……。

隠居：同感じゃ、お前さんたちお若い連中は知らんであろうが、「克《よ》ク忠ニ克《よ》ク孝ニ……父母ニ孝ニ兄弟ニ友ニ夫婦相和シ朋友相信シ」とまるで昔の「教育勅語」の文言そのままに、あのドラマはベタベタとしたものにつくられておったな（笑）。それはまったくの話が、直江山城守が信奉していた〝愛〟とはまったく関係なしのものよ。というのも、実はな、オレは山城守の愛は、かの中国の墨子にしっかりと学んで、動かざる信念としていたものと睨《にら》んでおるのよ。

おろく：エッ？　ボクシ？　何ですか、それは。聞いたこともないわ。

隠居：墨《すみ》の子、と書く。紀元前五世紀の後半くらいに活躍の、古代中国の思想家じゃよ。戦乱のつづく春秋・戦国の世にあって、ただひとり、非戦論、平和論をとなえて、「墨突黔《くろ》まず」といってな、つまり墨子の家の煙突は黒くなる暇《いとま》もなし、といわれたほど東奔西走した偉い男なんだな。つまり理論だけでなく実践的に活動した。有言実行の権化よ。それだけではなく、当時にあっては稀《まれ》にみる科学者にして技術者なんだ。要するにまったく特異な思想家であったといえる。
おろく：ヘェー、オドロキですね。知らなかったわ。
隠居：とにかく、そんなにすばらしい人物ゆえに、古代中国にあっては孔墨ともならび称せられて、儒家の御大将の孔子と肩をならべるほどの人気者であったというわけだな。ところが、墨子が死んだあとは、残念なことに孔子の後継たる儒家のものすごい排撃にあって墨家はだんだんに影響力を失墜していくことになる。やがては『墨子』七十一篇は地下に埋没するという悲運なことになる。とくに秦《しん》の始皇帝が天下を統一して（紀元前二二一年）戦国の世が終るとともに、もはやアカンということに相なったんだな。
おろく：天下統一のために、敵をつぎつぎに攻め滅ぼす始皇帝にとって、墨子の非戦論なんて、とんでもない邪説というわけですね。
隠居：そうよな、ホレ、例の焚書坑儒《ふんしょこうじゅ》というやつよ。始皇帝は自分の権力を最大のものにするために、そのさまたげとなると思われるものはすべて抹殺した。墨子の思想からして、墨家はみんな穴埋めにされて殺され、書物の『墨子』は残らず灰となったであろうことは想像に難くない。完全抹殺だな。
おろく：それで私たちが知らないわけか。それに、何たって日本は、特に戦前の日本は、儒教全盛だったといいますものね。その名残りは戦後もずっと続いているらしいですけど。

隠居：子曰く「朋《とも》あり遠方より来たる、亦《また》楽しからずや」。子曰く「朝《あした》に道を聞かば夕《ゆうべ》に死すとも可なり」か。ほんとうに、われら爺《じじ》いたちはいまだ幼少なりしころ、たっぷり孔子の教えのほうは仕込まれたものよ。

おろく：で、そんなに長いこと埋没したままの『墨子』を、日本の戦国時代の直江兼続が読んでいた、というわけなんですか。そんなことあるのかしら？

隠居：もちろん、確たる証拠はないがね。なれどおろくよ、おぬしも知っておるじゃろが、武田信玄の「風林火山」の旗印を。「疾如風、徐如林、侵掠如火、不動如山」、これはご存知『孫子』（『墨子』より少し前の春秋時代の作）の言葉だ。信玄、上杉謙信、織田信長をはじめに、戦国武将たちは漢籍をまことによく読んでおる。『孫子』『呉子』『六韜《りくとう》』『三略』などなど。その古典に対する傾倒ぶりは、いまのわれわれなど足もとにも及ばん。同じ戦国に生きた直江山城守の眼に、はたして『墨子』がまったくふれることがなかったのかどうか、だれにもわからん。それにこれは勝手な想像であるが、山城守が後年に兼続と名乗ったのは、墨子が主張するいわば普遍的人類愛の謳歌たる「兼愛」の思想にもとづく、のかもしれんではないか。

おろく：でも、『墨子』は始皇帝いらいずっと消えてしまっていたんでしょう。それが上杉家に残っていたなんて……。
隠居：そりゃあ『墨子』全篇ではなく、その残闕《ざんけつ》が、一部が、もしかしたら、かなりむかしの遣隋使、遣唐使のころに、日の本の国に輸入されていたのかもしれないではないか。それが戦国の雄たる上杉家にあっても不思議じゃないかもしれん。

芭蕉俳句のなかの墨子

ここで、せっかくの対話を中断して少々脱線する。というのも、芭蕉翁の俳句集のなかで、へェー、といささかびっくりした句をかなり以前に発見したことがあるからである。すなわち、

悲しまんや墨子芹焼《せりやき》を見てもなお

季語は、俳人加藤楸邨《しゅうそん》氏によると、芹焼で冬。

とにもかくにも、わたくしがびっくりしたのは元禄時代の俳人たる芭蕉句のなかに、墨子が突然登場してきたことにあるのはいうまでもない。さらには、この句の意味がチンプンカンプンであることにも目を白黒した。

「悲しまんや」とあるから、墨子は悲しむであろうか、いや、そんなことはあるまい、という反語になる。芹焼を見ても、かの中国の思想家墨子どのが悲しむとは思えない、と芭蕉にいわれたって、これは困惑するばかり。なぜ、こんなところに墨子がいるの？

さっそく大正十三年岩波書店刊の『続芭蕉俳句研究』なる一書をひらいてみた。ありました、ありました。ただし、芹だけを重視してこの本では季語は春になっている。安倍能《よし》成《しげ》、小宮豊隆、阿部次郎、和辻哲郎たち漱石門下のお偉方がそろっているのに、芹焼が冬の季語であることを知らんな、無学なことよ、と即断したが、これが見事に当たっていた。句の解釈をめぐっても、これだけのお歴々がまったく右往左往。ほんとうに無学もいいところであった。

「次郎　悲しまんやというのは芭蕉の事か。
能成　そう取った。芭蕉が吾れ何ぞ墨子の為に悲しまんやと云ったのだ。
豊隆　墨子が芹を焼くというのは故事でもあるのか。
能成　一寸《ちよつと》調べて見たが分らなかった。漢文の先生にも聞いて見たが。それは『墨子』を読んで見ないと分らぬだろう」

といった具合である。『墨子』をだれひとり読んだことのあるものがいないことがはっきりする。

　これが昭和四十四年筑摩書房刊の加藤楸邨『芭蕉全句』となると、さすがに違った。大正十三年から昭和四十四年までじつに四十五年間たっている。歳月はたしかに人の蒙を啓《ひら》いてくれる。

「芹が今焼かれて緑の色を変えてゆくが、これを墨子が見たら、練糸《ねりいと》の色がさまざまに染まるのを悲しんだように、やはり嘆くであろうか。いや、このこうばしい香に心をひかれてしまうことであろう」

　だから墨子が嘆くはずはないと、楸邨は正しく芭蕉の句の心を読みとっている。

　そして、この練糸の色が云々《うんぬん》も、『墨子』第一巻の「所染《しょせん》」篇にたしかにでてくるのである。これを我流にわかりやすく訳して紹介すれば、こうなる。

「墨子先生は糸を染める者を見て、歎じていうに、蒼に染めれば蒼に、黄に染めれば黄に、入れるところの甕《かめ》が変ると、その色もまた変る。五たび入れると五つの色に糸は変っていく。（……）国を治むる上にも、染めよう次第で（国民は）善にも悪にもなる。まず善に染めて成功した聖王を数えあげれば虞《ぐ》の舜《しゅん》帝である。（……）」

　さらに墨子は、国政から個人についてもこのことはいえることだと論をすすめている。

人間は友人次第で将来において大成するかしないかがきまる、と。そしてその例としては云々と、話は長くつづくのであるが略とする。

つまり芭蕉翁は、この『墨子』の論をとくと存じていて芹焼の句に詠んだのである。そうとは知らぬ後世の碩学《せきがく》といわれる人たちは、とくとくとして頓珍漢《とんちんかん》な説をたてて、さらに後世のものの嘲笑をうけるというお粗末さを示すことになるのである。

ところで、そもそも何をいいたくて、長々と芭蕉の句について脱線して書いているのかといえば、芭蕉は一六四四年生まれで、亡くなったのが一六九四年。そして直江兼続となると一五六〇年生まれで、六十歳で亡くなっているから没年は一六一九年。つまり芭蕉と直江兼続はそんなに飛び離れた世代の人ではなかったことをいいたかったからなんである。このひそかなる魂胆あってのことで、そしてそのことはまた、おろくに語ったように兼続も『墨子』に学んでいるかもしれないことを証明する足しになるかな、と思ったのである。

そのために小宮豊隆以下の学者諸公に悪口をついたのは恐縮千万なことであったかもしれないが、これもふだんからそう思っているからのこと。漱石門下の偉ぶっている面々はじつは大したことはないと。隠せども色に出にけり、というわけである。

さて、以上で閑話休題、またおろくとの対話にもどる。

おろくとの対話②

おろく：それにしても、そんな紀元前の大昔に「兼愛」というのですか、普遍的人類愛を説き、その実践のために走り回るなんて、ぜんぜん知らなかったけれど、墨子ってエライ方なんですねえ。

隠居：いやいや、墨子がまことにスゲェ人物だとオレが感服するのは、その「兼愛」の思想だけではなく、「非攻」篇にあるんだな。一言でいえば国際的徹底平和主義、つまり何があろうとも非戦を貫《つらぬ》こうとするその行動力だ。中国の戦国時代といえば、東周を中心に燕・韓・魏・趙・斉《せい》・秦・楚・越などの国々が兵力を増強し、入り乱れて争乱と興亡とをくり返していた時代。もっとくわしくいえば、前五世紀の半ば、晋《しん》という強国の王が分割して、臣下に韓・魏・趙の三国を建てることを許したことにはじまり、戦乱につぐ戦乱ということになり、秦の始皇帝が全国統一をなしとげるまでの疾風怒濤の二百年というわけなんであるが、そのなかにあって、武力制覇の無駄を説き、戦争の空しさを強調し、平和の尊さをたたえ、その実現のために一所懸命の努力をする。走り回る。武器を捨てよう、さもないと中国そのものが滅びることになる、と。

いまの地球は、さながら当時の中国と同じともいえるかな。軍事大国アメリカの国力が弱まり、小国がどんどん力をつける。たえずどこかでドンパチが行われている。その上に、核という許し難い兵器が拡散していく。これをこのまま放置しておけば、かならずや核戦争が起きて人類は滅亡する。……いやいや、墨子の話であったたな。とにかく戦乱がたえない世を何とか平和な時代に戻そうと、墨子とその弟子たちはなりふりかまわずに天下をかけめぐったんだな。そんなのは夢物語だと儒家や道家からバカにされようとも、屁とも思わなかった。

おろく：アラ、じゃあ、墨子って、どことなくアメリカのオバマ元大統領に似てますね。ノーベル平和賞をもらった……。

隠居：ホー、見事だ！　さすがわが門下の逸材だけのことはある。まさしく墨子のことを考えていると、核兵器競争に明け暮れる全世界に、核廃絶の道を選択しようと訴えたオバマ元大統領が連想されてくるな。大筋のところでは、よく似ておる。

おろく：それにつけても、一つ、質問していいですか。そりゃ核のない世界への決意を語ったオバマさんの演説は立派だと思いますけれど、演説だけで成果が何にもでてないんですよ。それに、大統領になってから一年足らずで、いったい何が評価されたんですか、ノーベル平和賞受賞のために。

隠居：いや、オレも最初はそう思ったがね……戸惑ったことは確かだ。それに現役の、まだこれから何をやるのかわからない政治家が受賞していいのだろうかと、疑問すらもったよ。でも、発表直後にノーベル委員会事務局長の会見の記事が新聞にでていたろう、あれを読んで、なるほどと合点した。もともとが、ノーベル平和賞とは、ほかの文学賞とか物理学賞とか化学賞とは違って、これにかぎっては「前年の業績」にたいして与えられるもので、生涯の業績や世界への長い間の貢献に与えられるものではないそうだよ。

おろく：はあ、そうなんですか。

隠居：つまりオバマ元大統領の「前年の業績」とは、①国と国との間のフラタニティを推進したこと。このフラタニティはあえていえば友愛と訳すらしいが、鳩山さんの友愛とはちょっと違うんだな。②核兵器削減への動きに大きく貢献したこと。③平和会議を開催したこと。この三つなんだそうな。要するに、これらはすべて墨子がやったことばかり。愉快じゃないか。フラタニティを友愛でなく兼愛と訳せば、それでピッタリだよ。

おろく：つまり、オバマさんは現代の墨子だったというわけですか。

隠居：オーッ、それよ、それ。しかし、墨子は身の危険もかえりみないで、身を粉にして走り回って実践し、言うことをきかない国の帝王を説得し、ウンと承諾させた。ときには失敗したことがあったが、ガクッとなって途中でやめたりしなかった。戦争をやろうとしている国があるとすぐとんで行った。オバマ元大統領はまだまだの感なきにしもあらず。あくまでも頑張ってほしかったがね。

おろく：そうなると、墨子さんがやがて潰《つぶ》されたように、わからず屋の死の商人たちや戦争狂の権謀術数があって、ダメになったりする……。

隠居：オレが心配したのもそこだ。結局は、その気味が濃厚になって、どうもフラフラしてしまいおった。

おろく：そうだ、とてもいいプランがいまとっさに浮かびました。いち利センセイ、のんびり小春日を浴びて大アクビなんかしていないで、その墨子さんのことを書いて下さいよ。次のオバマさんの孤軍奮闘を後押しするためにも、墨子さんをいまの世に生き返らせましょうよ。いまこそ、墨子さんを読まねばならない大事な秋《とき》なんですよ。

少しタネを明かすと

いやはやとてつもなく長いマクラをおいたが、というわけで、冒頭にのべたとおり、愛読する墨子のことを書く気になったのである。されど、これまで墨子について書かれたもろもろの資料を渉猟して学術研究や博士論文をものす、なんて大それたことをやらかすつもりはない。どこかの新聞に、いちばん好きなことを問われて、酒席でいい心持ちで大いにオダをあげること、と答えたことがある。そのオダである。墨子をいわば酒の肴にして、少々はヨタヨタしながらもこのごろ考えていることを交えて、一席弁じたいと、ただただ思うだけである。多分に脱線ばなしが大量に加わると思うが、あらかじめご承知を願っておく。

それにしても、これからしばらくの間つき合おうという墨子その人が、どこの何者なるやが皆目不明ではやりにくくて仕様がない。世にはその実存を疑う人すらいる。で、墨子について書かれた先達の諸書を、何冊かひろい読みしてとったメモにもとづいて、自分なりの墨子小伝をつくってみる——。

墨子、名は翟《てき》という。「子」は尊称である。孔子と同じ魯の国の生まれ、とされる。はじめ周の思想家の史角《しかく》の子孫に〝礼〟を学び、また孔子門下の逸材から儒学を教授されたが、のちに慊《あきた》らなくて儒家とはオサラバして、独自に一派を立てる（『墨子』に儒学の匂いがいくらかあるのはそのためである）。

いまの山東省西部から浙江省や江西省にかけて存在した宋・斉・楚の国々の帝王や政治家を歴訪して、理想とする非戦と兼愛とを説いて回った。いわゆる遊説《ゆうぜい》の士のひとりというわけで、帝王や諸侯はこれら遊説の士を厚遇したのである。その過程で、宋の昭公につかえ大夫《たいふ》になったとの説もあるが、はたしてどんなものか。むしろ墨子は生涯をとおして、官につかえることを欲しなかった自由人とみたほうがいい。

活躍の時期は、前に書いたように紀元前五世紀後半で、孟子よりも少し前の時代である。いずれにせよ二千五百年も前の人物ということになる。

『墨子』十五巻七十一篇が残されたとされているが、現存するのは五十三篇である。ここには「子墨子曰」とか「子墨子言曰」とかの語がやたらにでてくるから、墨子その人が書いたものではない。ちょうど『論語』が弟子たちによって書かれた孔子の言行録であるように、『墨子』もまた墨子の弟子たちによって記録されたものであろう。しかも、相当に長い歳月がかかってまとめられたものらしい。

そんな昔のものゆえ、かなりややこしくて理解に苦しむところもあり、くり返しもあり、いやはや詭弁にすぎるよと呆れざるをえないところもあり、スラスラと頭に入って、そんなに楽しく読めるようなものではない。それに、ちょっというを憚《はばか》られるが、『墨子』の文章は、『論語』や『老子』にくらべると、相当に落ちる、つまりヘタくそであるような気がする。要は推敲不足というところか。ただし、その説くところは単刀直入で妙に熱気がある。そこがいい。

なかで墨子の思想がよくでていると思われるのは、第二巻から第九巻までの、現存の二十四篇であろう。その諸篇で何が主張されているか、その概略をいまのべてしまうと、この前口上で終了となってしまうけれども、ま、世には予告篇というものがある。PRを兼ねて、ぜひ今後ともよろしくという意味をこめて、優秀な中国文学者でもある作家駒田信二さんの文章を引用することとしたい。わたくしが主張するより、駒田さんのほうがはるかに権威があるゆえに、である。

「墨子はまず幸福な生活の根本は人々が互いにひとしく愛しあうことにあるとした。兼愛の説がそれである。愛の普遍を求めるならば当然平和を求める。そこから、侵略を非とする非攻が主張された」

ここが『墨子』のいちばん肝腎のところで、「兼愛」の説は第四巻、つづく第五巻が「非攻」篇となる。さらに、

「兼愛の根拠として、墨子は主宰者としての天を認め、神の存在を認めた。そして、万

物の主宰者として天があるように万民の主宰者としての君主を認め、天が万物を平等に育成するように、君主が万民にひとしく福利を与えることが、天の意志であり、神の心にそうことであると説いた。これが天志の論であり、明鬼の説である」

第七巻が「天志《てんし》」篇、第八巻が「明鬼《めいき》」篇であるが、この〝天〟の問題はそう簡単にいいきっていいかどうか、いささか疑問とする。儒教の〝天〟とはかなりの差違があるからである。墨子の〝天〟は、いかにも墨子らしくちょっと意表をついている。そこがすこぶる面白い。

他人の褌《ふんどし》で相撲をとるようで照れくさいので、引用はこれまでとするが、以下、帝王や政治家は義を守らねばならないとした「尚同《しょうどう》」篇が第三巻、人材は大いに登用せねばならないと主張した「尚賢《しょうけん》」篇が第二巻、そしてまた、〝運命〟や〝宿命〟なんてものはないのであるから、人間たるものは帝王とか政治家とか一般民衆とかの区別なく、ひたすら奮闘努力せよ、と説いた「非命」篇が第九巻、というわけなんである。以下は略。

PRとしての前口上はこれでおしまいとするが、ちょっとばかり具体的に、『墨子』のなかの名言のようなものを、これもまた以下に関心をもってもらうためにあげてみる。多くの人に読んでもらいたいばかりに、物書きはそれこそ墨子のいうように万事に奮闘努力するものなのであります。

「福は請《こ》うべからず、禍《わざわい》は違《さ》くべからず、敬は益することなく、暴《ぼう》は傷《そこな》うことなし……」

――「非命」篇より。

〈福は得ようとしても得られるものではない、禍いは避けようとして避けられるものではない、敬《うやま》われるようなことをしても大して益はない、乱暴をしても破滅をまねくとはかぎらない〉と、そんな風に世の宿命論者はいうが、これは大間違いだ、こんなバカな話があるもんか、なぜならば……と墨子は説くのである。

もう一つ、

「その友をみるに飢うればこれを食《くら》わしめ、寒《こご》ゆればこれを衣せしめ、疾病にはこれを持養《じよう》し、死喪《しそう》にはこれを葬埋《そうまい》す」――「兼愛」篇より。

もう文句なしに宮澤賢治の有名な詩が想起されてしまう。東ニ病気ノコドモアレバ、行ツテ看病シテヤリ、西ニツカレタ母アレバ、行ツテソノ稲ノ束ヲ負ヒ……そうか、宮澤賢治もまた、墨子の兼愛の思想をもっていた詩人であったのか。

第一話　あまねく人を愛すること

〝愛〟の一字をめぐって

およそ墨子のことを少々なりとも知っている人は、「非戦」の思想とともに、普遍的人類愛のことを説いた「兼愛」の二字を想いうかべるにちがいない。この独自の人類愛的な理念にもとづいてその上に、墨子は非戦論、平和論を強く主張するのである。というわけで、まず兼愛からということになるのである。

ところが、この兼愛という言葉はおよそ日本人にはさっぱりなじみがないものである。〝兼〟とは、たとえば社長兼工場長というように、二つのものを兼ねる意で用いる。それゆえに、兼愛とは、何かと兼ねて愛すること、という風に受けとってしまう。それが常識的なものの見方である。

白川静先生の『常用字解』（平凡社）をみると、兼の用例としてつぎの言葉が記されている。

「兼学・兼修　二つ以上のことを同時に学ぶこと／兼業　本業のほかに事業を行うこ

と／兼職・兼任・兼務　二つ以上の職務をかねること／兼用　一つのものを二つ以上の用途に使うこと。また、一つのものを二人以上で使用すること」

このまことに有益で重宝な書にも、兼愛なんていう用例はないのである。

それで、本格的に弁じようとするとまずは入口のところでつまずいてしまう。それに、そもそもが流行歌にやたらにでてくる「愛」という、このごろの日本人の何よりも好む言葉そのものが曲者《くせもの》なのである。およそ育ちが悪いわたくしなんかは愛も恋も女欲もごちゃごちゃになって、たとえば鶴見俊輔ほか編『定義集』（筑摩書房）で、すぐれた先進の人びとの愛に関する名言に接すれば接するほどに、わけがわからなくなってしまう。

「愛は真面目である。真面目であるから深い。同時に愛は遊戯である。遊戯であるから浮いている。深くして浮いているものは水底《みなそこ》の藻と青年の愛である」（夏目漱石『野分』）

「愛は実在の本体を捕捉する力である。最も深き知識である。分析推論の知識は物の表面的知識であって実在その者を捕捉することはできぬ。我々はただ愛に由りてのみ之《これ》に達することができる。愛は知の極点である」（西田幾多郎『善の研究』）

「真の愛は悪に対する憎悪を充分にふくむものである。仮面的な愛または浅き愛は、悪を憎むことを知らない。けれども深き真なる愛は、かくあることはできないのである」

（内村鑑三『ロマ書の研究』）

ましてや、これに加えて近ごろは妙な愛が参加してきた。もう昔ばなしのようになったけれど、元日本国総理大臣の鳩山ナニガシが国連総会において、世界に向かって高らかに吹き鳴らした「友愛」精神なる妙ちくりんの愛のラッパである。この聞きなれない鳩山流新語について、毎日新聞記者の国枝すみれさんが愉快きわまりない調査報告を発表していた（二〇〇九年十月八日付）。

「韓国では友愛という言葉は兄弟や同性の友人同士の関係で使われるという」

エッ、同性の友人同士!? それじゃ韓国ではゲイやレズビアンの間で使われるナイーブな言葉なのか。

「中国では友も愛も人気の言葉だが、友愛となるとあまり使われない。子供同士が『仲良くしてね』という感じだそうだ」

これには思わずクスッとなった。セッセッセ、夏も近づく八十八夜、チョンチョン……と遊戯のときに使われる言葉かいな。鳩山ナニガシの幼稚性がそのままに露呈されているということになるではないか。

と脱線して、勝手に愛に熱をあげていると、ポカッと脳漿《のうしょう》に浮き上がるように、『如何《いか》なる星の下《もと》に』とか『都に夜のある如く』とかしゃれた都会的な小説を書いた作家高見順さんから聞かされた言葉が思いだされてきた。そういえば、この作家いまだ元気でありしころ、わたくしはしょっちゅう浅草でしたたかゴチになって酔っぱらって愛について論じたものであった、ということも一緒にポカーッと……。

「半藤君、知っとるかね、日本語の昔の辞書はなんで始まり、なんで終っているか、ということを。大槻文彦氏の『言海』をボクは愛用しておるが、この辞書は〝愛〟で始まり、〝女〟で終っているんだな。辞書が、愛で始まり、女で終る、なんと日本文化とはイキなものか、と思うよ。ただし、敗戦後に出た新カナの辞書をみると、これがダメなんだな。〝わ〟行は〝わ〟で終ってしまって、〝ゐ〟〝ゑ〟〝を〟がない。〝を〟がないから〝をんな〟が最後の字ということにならなくなっちまった。じゃあ、〝わ〟の最後の字は何かというと、これが〝腕力〟。いやはや。どうりで敗戦国日本が年々歳々、日を追うごとに殺伐《さつばつ》となっていくわけなんだな。そして、同時に戦後日本にはいい〝をんな〟がホントにいなくなったよなあ」

高見さんはそういって、心から寂しそうな顔をした。

日本文学のなかの愛

調子にのって、もう少し関連した話をつづけると、日本に「愛」という文字ができた（というより、中国から伝わった）のは、いったいいつのことなのか。また、最初のころはどんな意味をもっていたのか。そんなことどもがやたらに気になった。

『日本書紀』に、この国を創りあそばしたときのイザナギ、イザナミの二神の唱和に、たしかにこの文字がでていたな。と、さっそく開いてみたら、イザナミがいう。

「可愛少男」

これはエヲトコと読むことが定説となっていて、わたくしなんかもそう学校で教わった。「少男」は若い男、で、岩波文庫の『日本書紀』の解釈を借りれば、「何とすばらしい男の方ね」となるが、これを「何とかわいいイケメンよ」と現代語訳してもさしつかえあるまい。ほかの個所にも「我愛之妹」と記して、「わがうるわしきイモ」と読む表記も『書紀』にはある。これらによって、〝愛〟は訓読みすると、古代日本（といっても古代中国とは相当に年代が違って七世紀ごろ）では、ウルハシあるいはウツクシと読まれたようである。

さっそく、またまた白川静先生の御本を頼る。

「[愛という字の形は]立ち去ろうとして後ろに心がひかれる人の姿であり、その心情を愛といい、『いつくしむ』の意味となる。国語では『かなし』とよみ、後ろの人に心を残す、心にかかることをいう。それより愛情の意味となった」

そして、ここにはカナシとの訓読みも示されている。

この古代日本におけるウルハシあるいはカナシの心情的な言葉が、中世そして近世の日本になると、どうやら肉体的要素のたっぷり加わった意味が大勢力となってくる。『源氏物語』をパラパラしていたら、「愛行《あいぎょう》」という言葉にぶつかって、ぶっ魂消《たまげ》たことがある。どう考えても「新婚初夜、夫婦の初のちぎり」の意味にしかとれない。とみれば、『今昔物語』にも「二人臥して愛しつる顔」とある。これだって男女の愛欲にたっぷりふけったあとの顔と解するほかはない。

白川先生は行儀作法も正しく、用例として、愛育・愛玩・愛好・愛情・愛読・愛慕・恩愛・親愛とよろしい言葉しかあげておられぬが、愛欲・愛執・愛妾・愛恋などなどいくらでも人間くさい欲情の表現としての愛がみつかるのである。さらに井原西鶴とか為永春水とかの浮世草子の時代になると、もっぱら愛欲・肉欲的な意味で〝愛〟が使われていたのである。

もう一つ、近代日本になるとキリスト教の愛が入ってきて、さらにややこしくなる。たとえば、英語のLoveが入ってきて、〝恋する〟〝愛する〟〝惚れる〟などといろいろに訳され、そこから恋愛という言葉もできたらしい。明治二十五年（一八九二）の北村透谷「厭世詩家と女性」というエッセイ風の論文の、

「恋愛は人世の秘鑰《ひやく》なり、恋愛ありて後人世《のち》あり、恋愛を抽《ぬ》き去りたらむには人生何の色味かあらむ、……」

なんかが、その先駆といえようか。なお、「鑰」は「薬」と同意の文字なり。と、こんな風に、日本文学史をご叮嚀《ていねい》に、そして力をこめていちいちやっていたのでは紙数がいくらあっても足らなくなる。以下は略としたい。

が、わが記憶からどうしても抜け落ちない見事な翻訳がある。それだけは外すわけにはいかないので、余談ながらもう少々、ということになる。すわなち「アイ・ラブ・ユー」を直訳すれば、「われ・なんじを・愛す」ならんが、ツルゲーネフの『片恋』でその昔に二葉亭四迷が、これにすばらしい訳をつけたのである。時に明治二十九年のこと。熱い接吻ののち、ヒロインのアーシャがいう。聞きとれないほどの小声で。

「死んでも可《い》いわ……」

これを初めて読んだとき、瞬間、ウムと唸ったきり、しばし天を仰いだ記憶がある。そして考えました。明治もまだこのころ、アイ・ラブ・ユーにぴったりの日本語がなくて、二葉亭センセイはさぞやお困りだったのであろうと。苦心惨憺《さんたん》の揚句にひねりだしたのがこの一行。それにしてもお見事！　そして、そのあとで、ぴったりの言葉のなかったということは、日本人にはその事実がなかったということか、とも思いついた。つまり、明治のそのころの日本には、愛欲はあってもプラトニックな至高の恋愛はまだありえなかったのかな……と。

おいおい、いい加減にせよといわれそうである。墨子はいったい全体どこにいったのかと。然り、ほんとうに遠い回り道をペタペタと歩いてきて、やっと目的地に到着したの感が、書いている当人のわたくしにもしている。まこと読者にも遠い道のりであったことであろう。しかし、愛という言葉を考えると、恋愛とか愛欲とかのベトベトと甘い甘い論しかでてこないような近代人には、およそ墨子の兼愛の思想は理解しにくいものなのである。そのことをハッキリさせるためには、曲りくねった道を承知でペタペタとたどらなければならなかったのである。

孟子の墨子批判について

そもそもが『墨子』には恋愛論はまったくでてこない。これは孔子の『論語』と同じである。しかも墨子が相愛というときは、それは兼愛と同意である。そしてその兼愛とは──「もし天下をして兼ねて相愛せしむれば、国と国と相攻めず、家と家と相乱さず、盗賊あることなく、君臣父子みな孝慈たらん、云々」という徹底したヒューマニズムといったらいいもの。つまりは、ここにいう愛とは心情的な、個人的な愛情なんかではなく、他人のために努力する精神なのである。みずからのみを愛し、みずからのみを利する考え方を否定するために、墨子は人をひろく同等に愛しいつくしむ、兼愛をとなえるので、それはロシアの文豪レフ・トルストイが感心した理念そのものなんであるという。

すなわち、トルストイ曰く。

「……中国にはいろいろな賢人があった。孔子、老子、それからいま一人、これはあまり有名でないが、墨子という賢人があった。墨子は世の人びとに、権力に対してでもなく、富に対してでもなく、また勇気に対してでもなく、愛に対してのみ、尊敬を払わなければならないと教え説いたのである。／が、世の人びとは、墨子の言葉に従わなかった。孔子の弟子の孟子がこれを反駁して、愛のみで生きることはできないといった。／中国人は孟子の言葉に従った。それから五年たった。と、われわれのキリストが世にあらわれ、墨子の教え説いたのと同じことを、ただ墨子よりも一層よく、力強く、分かりやすく教え説いた」（「人生の道」原久一郎訳）

これには正直な話、恐れ入った。わが愛する墨子がかのキリスト様と同じ教えを説き、その先駆であったとは!?　そういえば、『新約聖書』マタイ伝には「己《おのれ》の如く汝《なんじ》の隣りを愛すべし」とか、「汝らの仇《あだ》を愛せよ」とか何とか、あった覚えがあるな。

ま、それはともかく、トルストイもふれている孟子の墨子批判、とくに兼愛思想にたいする猛反撥からスタートすることとする。ちなみに孟子は墨子より百年ほどのちの前四世紀ごろの思想家である。したがってトルストイが「それから五年たった」と書いている意味はよくわからない。「四百年たった」ならわかるのであるが。

さて、墨子は説く――おのれを愛するように人を愛し、おのれの父を愛するように人の父を愛し、おのれの国を愛するように人の国を愛せよ、と。これに孟子はカッカとなっていう。

「墨子は兼愛す。これ父を無《な》みするなり。父を無みし君を無みするは、これ禽獣《きんじゅう》なり」

（「滕文公」篇）

もう一つ――。

「墨子は兼愛す。頂《いただき》を摩《ま》して踵《くびす》に放《いた》るも天下を利するはこれを為す」（「尽心」篇）

孟子があとのほうでいわんとしているところは、墨子は天下の利のためには頭のてっぺんから足の先まですりつぶしても悔いはない、なんてバカげたことをいっておる、の意ならん。

孟子が墨子をこんな風にクソミソにいうわけを、作家駒田信二さんがうまく説明してくれている。

「儒家は家族道徳を根幹として社会秩序の昏乱を正そうとした。『父を無みする』とはその立場からの非難である。墨家は戦国の世の昏乱のもとを社会道徳の欠如とみなして兼愛を主張したのであろう。（……）儒家は利ということをいさぎよしとしなかったのに反し、墨家が兼愛とともに交利を説いたのは、儒教よりも現実的であり功利的であったためであろうが、墨家のいわゆる利は、儒家のいう利とはちがって、利他の利に高められ、義と同じ倫理的意味をもつものであった」（『墨子を読む』）

補足すれば、この場合の墨子のいう利（つまり利益）とは、おのれのための利にあらず、世のため人のための利である。孟子が批判するのは、そんな天下の利のために夢中になって、バカみたいに、いやそれ以上に命を賭して働くやつはこの世にいない、ということ。しかし、要するに墨子は、人類がみんな平等に愛し合い、差別することなく認め合い、お互いの利益のために汗水流して尽くし合いさえすれば、この世から愚かな戦争はなくなる、と説き、それを実践遂行したのである。そういってみると、この墨子の思想はたしかに、つきつめると「汝の敵を愛せよ」というキリストの教えにさもよく似たり、といえるのかもしれない。

墨子その人はとうの昔に世を去っていて、孟子の批判なんかは存じない。しかし、孟子からすれば、日月の如き無私無欲の精神で、すべての人をわけ隔てなく愛せよという、少なからず人気のある墨子の兼愛には、腹が立って仕方がなかったのであろう。

墨子はいうのである。

「人を憎み人を害しようとするのは、兼愛の立場にあるのか、それとも別愛の立場にあるのかと問えば、必ずそれは別愛の立場からであると答えよう。相互に差別する〝別〟の立場こそ、天下の大害を生みだす根本なのではないか」（「兼愛」篇〔下〕）

天下の大害とは、『墨子』によれば、大国が小国を攻めること、大氏族が小氏族を凌辱《りょうじょく》すること、強者が弱者を食いものにすること、富者が貧民に横暴をはたらくこと、などなどである。それらが起こるのは、まず秩序を重んじて、人びとにそれぞれ長幼・貧富・貴賤などランクづけをして個別に扱う「別愛」の立場であるからこそである。それは根本的に間違っている。その誤った立場をとるものは誰なるや、それは儒家なんである、と墨子はいいきる。しかもその上で墨子は、

「別は非なり」（別非也）

ときびしく断言する。お前たちがいっている「別愛」は、自分たちさえよければいい主義ではないか、と。孟子がカッカと怒り猛るのも無理はない。

あまねく人を愛すること

「兼愛」篇〔下〕を読んでみる。こんなこともいっている。

「天下の士の兼を非とする者の言、なおいまだ止まず。曰く、兼はすなわち仁なり義なり。然りと雖《いえど》もあに為すべけんや、われ兼の為すべからざるを譬《たと》うるに、……」

これじゃ即座に意味がとれないから、以下は少しく乱暴なれど我流の訳を試みてみる。墨子のいう兼愛「すなわち仁なり義なり」は「為すべけんや」つまり実際にやれる人間なん

ていない、と世の現実主義者はいう。それをさらに譬えてみれば……、

「泰山を小脇にかかえて揚子江や黄河を歩いて渉《わた》るようなものだ。夢想するのは勝手だが、とても実行できるものではない、と世の識者どもはいう。なるほど、およそ人類はじまってこのかた、泰山をかかえて揚子江や黄河を越えたなんていう話はあったためしがない。しかし、人間がお互いに差別もせずに、お互いの利益のために尽くし合った事実は、これまでにいくつも存在する。それは古《いにしえ》の聖王たちが現《げん》に実行していることなのである。それを諸君はご存じないのか。

もちろん、私自身が聖王の時代に生きて、親しく自分の目や耳で確かめたわけではない。しかし、竹帛《ちくはく》に書かれたものや金石に彫られたもの、あるいは器《うつわ》に刻みこまれたもの、つまり後世子孫のために伝え残されたものを通じて、ハッキリと確認できるのである、と」

墨子は、わが意見に反対の者たちよ、歴史に学べ、ということをいっている。

そして以下に兼愛をもって政治を正しく行った過去の例を、いくつも具体的にあげる。大旱魃《かんばつ》のとき、一身を犠牲にして降雨を祈り雨を降らせた殷《いん》の湯王《とうおう》、万民のために公明正大な政治を行った周の文王や武王などなど。

さりながら、百年後の孟子のみならず、同時代の思想家にもキサマのいっていることは

バカバカしいと墨子の思想や精神をくさした口舌《こうぜつ》の徒《と》が、それこそ山ほどもいたらしい。「天下の士の兼を非とする者の言、猶《な》お未だ止まず。曰く、『即ち善し。然りと雖も、豈《あに》用うべけんや』と」、反対論は一言でいえば「実行不可能」。つまり天下の現実主義者どもの厚い壁である。

墨子はめげず臆せず、これら頭の固い連中の蒙を啓《ひら》かんと、奮闘努力する。そもそもが、すべての人を愛するというひろい心をもたなければ、人を愛するということが善なる行為とはならないのである。愛を徹底しなければ人を愛することにならない。人を愛せばかならず人に愛せられ、人を憎めばかならず人に憎まれる。とにかく、自分の親族や周囲ばかりではなく、あまねくすべての人を愛さねばならず、この精神をおのれのうちに徹底しなければ、何人《なんぴと》をも真に愛することはできない。

これが墨子の根本の思想であり、生活信条である。ところが、世にはわからず屋のほうが大多数なんである。それで、

「私がいくらいってきかせてもなお、やっぱり兼愛なんてことは難しくて実行できないというのか」（意《おも》うに以て難《かた》くして為すべからずとなすか）

と論をすすめてきて、さらに墨子は「ならば、実行はとうてい不可能と考えられている

ことが、ものの見事に実行されたという事実がある。それを示そう」として、ここにまことに奇想天外な事実を三つ列挙するのである。ここがこのややこしい思想書を読んでいて、何とも楽しくなるところである。要約かつ大いに意訳する。

その昔、楚の国の霊王《れいおう》は柳腰の美少女や美少年をひどく好んだ。そのため霊王の御代には、国じゅうの娘たち若ものたちが食事も一日に一回と節食に心がけるようになった。それで、しまいには杖にすがって立ち上がり、垣を伝わらなければ歩けないようになった。そもそも食を節することはきわめて難しい。それなのにそれを実行するものが続出して、霊王を喜ばせたのである。このように一時代もたたぬうちに、人びとの気風が変ったのは、そうすることで人びとが君主の期待に添おうとしたからである。

また、その昔、晋《しん》の文公は粗末な服装を好んだ。そのため文公の時代になると、国じゅうの男が粗布の上衣に、ごわごわした牝羊の皮の衣を羽織り、白い練衣を冠《かんむり》の代りとし、麻縄で編んだ草履をはくようになった。かれらはそのなりで文公に謁見し、朝廷内に出入りした。服装を質素に粗末にするというのはなかなか難しい。それなのに人びとがこれを実行して文公を喜ばせている。時代が変ったわけではないのに、人びとの気風が変ったのは、人びとが君主の好みに従うことを願ったからである。

越王勾践と呉王夫差

さてつぎの例は――『墨子』の原文では、三つの具体例の二番目に位置するのであるが、ここではあえて最後においてみた。例によって一席ぶちたいいささかの魂胆があるゆえに、である。

その昔、越王勾践《こうせん》はとくに勇気のある者を好んだ。三年間にわたって臣下を猛訓練したが、それでもなお訓練の成果に自信がもてなかった。そこで宮殿に火を放つと、軍鼓を鳴らして臣下たちを消火に突進させた。臣下たちは先を争って火の中に飛びこみ、水火の中に倒れ伏して死ぬ者が数えきれぬほどであった。しかもその後は、もはや軍鼓を鳴らさなくとも、臣下の者たちは敢然として火中に飛びこみ一向に退かぬ勢いを示した。越国の勇者といえども、最初から気おくれしなかったわけではない。火中に必死の想いで飛びこむのは難しい。それなのにそれを実行して、越王勾践を喜ばせたのである。

そしてこのあとには、さきの霊王や文公の例とほとんど同じ文章がつづく。

「未渝於世而民可移也。即求以郷上也」（いまだ世を渝《か》えずして民移すべし。すなわちもって上に郷《むか》わんことを求むればなり）

そうしてこうして猛訓練を受け勇猛心を鍛えられた越の軍はどうしたか、といえば、やがて宿敵である隣国の呉の国を完璧に撃破し、歴史に残る大殊勲をあげるのである。

この呉越の戦いは、じつはかの司馬遷の『史記』にくわしく描かれている。『孫子』にも「呉越同舟《ごえつどうしゅう》」の名言があって、「一つの政党にいながら、敵も味方も一緒で呉越同舟さ」などといまも使われる。また、唐の詩人李白の「越中覧古《えっちゅうらんこ》」も詩吟などでしきりにうたわれている。「越王勾践呉を破って帰る／義士家に還りてことごとく錦衣／宮女花のごとく春殿に満ちたれど／いまはただ鷓鴣《しゃこ》の飛ぶあるのみ」。かと思えば、わが日本国においてもかつては頼山陽《らいさんよう》の詩が漢文の教科書にのっていて、わが中学生時代には再読三読して無理矢理に暗誦させられた。いまはあとのほうはさっぱりと忘却の彼方に去っていったが、最初の二聯《れん》だけがなぜか思いだせる。

雲か山か　呉か越か
水天髣髴《すいてんほうふつ》　青一髪《せいいっぱつ》

「向うに見えるのは雲だろうか山だろうか。それとも呉の国だろうか越の国だろうか。水と空とがはるか彼方で、青一すじに連なっている」の意である。というわけで、ここはどうしても張り扇《おうぎ》でパパンパーンと一席やりたくなってくるではないか。

史実によれば、越王勾践はいちどは呉王夫差《ふさ》にコテンコテンにやられ、会稽山に逃げ、美女西施《せいし》を差し出して一命だけは助けてもらった。そして西施とくれば、芭蕉『おくのほそ道』に「象潟《きさかた》や雨に西施がねぶの花」の有名な句がある。それはともかく越王勾践はそのあと苦い獣の胆《きも》を嘗《な》め嘗め、会稽での屈辱を忘れまいと、復讐心を燃やして軍隊を猛訓練し増強した。まさしく『墨子』に書かれているとおりに。そこから有名な四字熟語「臥《が》薪嘗胆《しんしょうたん》」のあとの半分がでた、ということでも知られる。

このエピソードからみても、勾践が勇武を好む君主であったことはわかる。そして『史記』には、とにかく会稽の恥をそそぐべく二十二年間、君臣ひとつとなって頑張って、ふたたび呉を討たんと起《た》ったとき、戦いに習熟した指揮官二千人、よく訓練された兵士四万人、加勢の志士六千人、兵糧《ひょうろう》弾薬運びなどもろもろの軍吏千人が勢揃いしていた、とある。なるほど、勝ちに驕《おご》り、さらに美人の西施にぞっこんでうつつを抜かしていた呉王夫差が、一敗地に塗《まみ》れて自刃に追いこまれたのは無理もない。ここから「傾国の美女」という言葉もうまれた。

この史実の裏ばなしがまさか『墨子』にでてくるなんて、はじめから予想だにしなかった。それだけに、この世にありうるはずがないと考えられることが、じつは確かにあるのだという例として勾践がでてきたときには、思わずウホッと喜びの声がでた。そう、思わず声をあげたのは、じつは、『史記』や李白の詩に詳述されている史実からだけではない。もう一つ、老骨のわたくしには忘れるに忘れられぬ歌があるのである。

ああ、神風特別攻撃隊

ときに、わが日本歴史の南北朝時代（十四世紀）。鎌倉の北条幕府打倒を企てた後醍醐天皇は、陰謀露見して捕われて隠岐島《おきのしま》に流されることになった。京都より護送されて出雲国見尾《みお》の湊（美保関《みほのせき》）にいく道すじで美作国《みまさかのくに》の院庄《いんのしょう》にある行在所《あんざいしょ》に天皇は立ち寄った。このとき登場するのが児島高徳《たかのり》、史書『太平記』にだけでてきてほかの史書にはチラリともでてこない奇っ怪な南朝の忠臣である。何とか天皇を救出せんとすれど、警固厳重でとうてい成らぬと知った高徳、雨のふる夜中ひそかに忍びこんで、庭内の桜の幹を削って、そこに十字の詩を書きつける。

天莫空勾践
時非無范蠡

これをうたった歌が戦前の日本では、小学校五年生の唱歌の教科書に載っていたのである。当然のことながらオルガンを鳴らして徹底的に叩きこまれ、唱歌「丙」の悪ガキのわたくしも大声張りあげて何度も稽古させられた。それでいまでもややウロ覚えながら歌えるのである。まさに三つ子の魂百までも、である。

船坂山や杉坂と／御あと慕ひて院の庄／微衷《びちゅう》をいかで聞《きこ》えんと／桜の幹に十字の詩

ときて、そのあとが若干詩吟調で、

天勾践を空《むな》しうする莫《な》かれ
時に范蠡《はんれい》無きにしも非《あら》ず

范蠡とは、勾践の軍師（参謀長）のことである。

こうパン、パパンパーンと説明してくれれば、『墨子』を読んでいて、やあ、勾践どの、お久し振り、とわたくしが思わず呟いて久闊《きゅうかつ》を叙しても何の不思議もないのではあるまいか。

それにしても、と思う。主君の命《めい》をかしこみて臣下が死を覚悟で火中に身を躍らせる。たしかにありえないことではないであろう。紀元前五世紀から、というのは、人類はじまっていらい、といいかえてもいい。しかも『墨子』に書かれていることと同じこと、いや、それ以上のことが昭和戦前にはこの日本で実行されていたのである。神風特別攻撃隊（海軍機）であり振武《しんぶ》特別攻撃隊（陸軍機）であり回天特別攻撃隊（人間魚雷）であり神雷特別攻撃隊（人間ロケット）であり……。

作家大岡昇平氏は書いている。

「想像を絶する精神的苦痛と動揺を乗り越えて目標に達した人間が、われわれの中にいたのである。これは当時の指導者の愚劣と腐敗とはなんの関係もないことである。今日では全く消滅してしまった強い意志が、あの荒廃の中から生れる余地があったことが、われわれの希望でなければならない」（『レイテ戦記』）

この人間の誠実さと強い意志を、無謀な十死零生の作戦ではなく、尊い理想の実現に向かわせれば、つまり墨子のいう兼愛の思想による非戦の徹底で、人類に永遠の平和をもたらす、それは決してできないことではない。夢ではない、われわれの希望でなければならない。わたくしはそれを心から祈っている。

第二話　国家百年の計は人材登用にあり

おろくとの対話③

本格的な冬将軍にさきがけて吹く強い季節風を木枯《こがらし》という。凩とも書き、木を吹き枯らす風と辞書にある。その木枯の吹きつのるある日の午後、編集者のおろくが身を縮めながら、連絡もなしに突如訪ねてきた。用件は歳末の特別進行の締切りの近いゆえに、早く墨子の原稿を書けという督促である。そんな理不尽な話はあるか、と呆れ返りながら、ついついこの寒さも手伝って人肌も恋しく、調子にのって長々と対話をかわすこととなった。それはまあ、またしても主題の墨子とはぜんぜん関係がない余話となったが、せっかくだから以下に書きつらねることにする。

隠居‥外は木枯、さぞや寒かったであろう。ところで、ふと思いだされてきたのであるが、この木枯と海とがいたって仲のよいことを知っておるかな。そもそもが池西言水《ごんすい》という俳人に木枯の名句があるところに発すると思われるんじゃ。この俳人は江戸の芭蕉とならんで、京都にあって元禄俳壇に重きをなし「木枯の言水」ともよばれた人物であるが、その有名な俳句を知っておるか？

おろく：アラ、それくらいは知ってますわよ。こう見えても知識はたっぷりあるのを、ちょっと見縊《みくび》っておられるんじゃありませんか。

凩の果てはありけり海の音

でしょう。どうですか、センセイ！

隠居：ホウ、さすがに知っておったか、感心々々。この言水の名句にならって、面白いほどに、近代の作家や俳人も多く海と木枯の句をつくっている。まずは夏目漱石。

凩や海に夕日を吹き落す

これにならんで、芥川龍之介にも佳句がある。

木枯や目刺《めざし》にのこる海の色

これもすこぶる有名だな。

おろく：漱石先生の句のほうがでっかくていいようですね。

隠居：フム、かもしれんな。檀一雄にも「落日を拾ひに行かむ海の果」がある。しかし、これらの文人の句もいいが、なかんずく、口ずさむたびにツーンと鼻の奥に沁《し》みるものが感じられてくる本職の名句がある。山口誓子の昭和十九年に詠まれたという句なんじゃ。

海に出て木枯帰るところなし

どうだ、泣かせる句だのう。そう思わんか。

おろく：エッ!? どこがそんなに泣かせる句なんですか、わかんないですけど。

隠居：いいか、眼光紙背に徹してしっかりと読むのだ。すなわち、ひとたび地を蹴って飛び立っていった特攻隊なんじゃ、この木枯は。第一話の大岡昇平氏の悲痛な讃美と同じように、山口誓子は国のために死なければならぬ若ものの想いを裏に秘して、つまり当時の官憲の言論弾圧を知ればこそ、木枯に托して心の底から青年たちの悲運を痛哭しているのだよ。「帰るところなし」、まさに彼らはそうであった。そうだ、軍歌にもあった。「送るも征《ゆ》くも今生の別れと知れど微笑みて……」であった。とわかれば、どうだ、これぞ泣かせる句といえるじゃないか。単なる木枯の吹きすさぶ冬の海の景を詠んだものではないのだな。名句だよなあ。

おろく：ホントにそうです……と感心してばかりもいられませんわ。墨子さんのほうはどうしてくれるんですか、と話の本筋に戻らねばなりません。締切りをきちんと守っていただけますね、大丈夫ですね。

隠居：わかっとる、わかっとる。そう、眉を逆立ててキリキリ催促するな。大船に乗った気でいるがよい。それよりも安心して、もうひとっ節わが講釈を聞くほうがいい、と思うぞよ。墨子にいくらかは関連した話であるから、まったくの余談というわけでなし……。

おろく：またまた脱線転覆ですか……。

「米百俵」の精神

さにあらず、本論の墨子に入る前にどうしても語りたいことがあるのである。そこで対話を中断することをお許しいただきたい。話題は戊辰戦争後の越後長岡藩の「米百俵」のことである。

明治元年（一八六八）、長岡城陥落後、会津若松から奥羽各地を木枯に吹きさらされつつ転戦しついに西軍に降伏した長岡藩士が、藩主ともども、許されてその年の十二月に故国に戻ってきた。そのときにはすでに焦土の長岡は七尺（二メートル強）ほどの雪の底に埋まっていたという。戦死二百五十四人、戦傷二百八十九人で、第一線で戦った半分以上が戦死傷した壮烈な戦いの果てに、である。焼失家屋敷は、隣接の郷村まで含めると三千八百軒余。長岡城下の八六・六パーセントが灰燼に帰してしまっていた。

そして、敗戦の長岡藩士の以後の日々は、困窮をきわめることとなる。賊軍にして敗者

という きびしい条件のもとに、何事にも堪えなければならない。やがて罪一等を減じられたものの、はたして明日はどうなるのかの見込みひとつ立たなかった。そうした苦闘の一年半がたって明治三年五月になり、親藩の三根山藩から見舞いとして米百俵が贈られてきたのである。まさしく旱天《かんてん》の慈雨、老人から頑是《がんぜ》ない子供に至るまで、ほんとうに家族全員が久しぶりに腹一杯の飯にありつけると、藩士のだれもの顔がゆるんだ。

ところが、長岡藩は決しておろそかにこの米をむさぼり食おうとはしなかったのである。

太平洋戦争敗戦直後、東京で焼け出され疎開して長岡中学校に在学していたわたくしは、この「米百俵」の話を聞いて、ふたたび転校してもとの東京都立第七中学校へ戻ることをやめ、ここに居坐ることにした。それほど、祖国敗亡後のわが胸奥に強烈に響いたのである。山と積まれた米俵を前に、ときの大参事（首相格）小林虎三郎は「早く米を分けろ」と迫る藩士たちにこう説いたという。

「この米百俵を、飢えに苦しむみんなにこのまま分けてしまえば、ひとり当たり四合か五合となる。一日や二日の有難い資とはなろう。食うことは大事なことであるが、それを食ったあと何が残るというのか。食うことばかりを考えていたのでは、長岡はいつになっても立ち直らない。いまは、この米百俵をもとにして、学校を建てることを考えようではないか。学校をつくって、藩のため国のために役立つ有為の人物を養成する。子供たちを立派に仕立てていきたいのだ。まどろっこしいようであるが、これが長岡復興のための、唯一の、いちばん確かな道である。この百俵は、いまでこそただの百俵であるが、後年には一万俵になるか、十万俵になるか、はかり知れないのである。今日明日の米をむさぼる、その日暮らしでは長岡は立ち直れない。われわれと同じ苦しみを孫子《まごこ》にさせるようなことがあってはならない。同じ苦しみをさせるようなことがあれば、何のために藩潰滅の悲惨をわれわれが味わっているのか、わからないではないか。堪えに堪えていることが無駄になるではないか。学校を建てよう。長岡の明日を考えよう。いや、日本の明日をみんなして考えていこうではないか」

そして建てられたのが、わが母校の長岡中学校（現長岡高校）。こういう心あたたまるいい話は事実を語るだけで終りにしたほうがよい。それにくらべて昭和の敗戦日本は……なんてご託宣をならべるのは、野暮というやつである。

……以上で脱線は終り。また、おろくとの対話に戻ることとする。

おろく：へェー、長岡中学ッてそうやってできた中学なんですか。知りませんでしたねえ。

私は米百俵の話を、小泉元首相が就任直後にもちだして〝痛みを分ちあう〟の意味で使っていたので、テッキリお互いに我慢しようということかと思っていましたわ。

隠居：左様、小泉のいかさまのトンチキ野郎は、米百俵の事実を確認することもせず、映画化されたお話を観ただけで勝手に解釈して、作り話を日本全国にふりまきおって……怪《け》しからぬ、許せねえと怒ってみてもいまさら詮ないことよのう。残念なことだ。しかし事実はいま語ったとおり。日本の明日のために人材を育てよう、ということであるのだな。

おろく：それはよくわかりましたし、センセイの出た中学が立派なこともわかりましたが、その話と墨子さんとはどんな関係があるのですか。まさかこれも無縁の長ばなしというわけではないのでしょうね。

隠居：それ、それ、そこだな。まさに関係大いにあり、那須与一の扇の的よ、ピタッと真ん中に命中、扇は春風にのってひらひら海上にというところよ。

おろく：何ですか、それ、それ。また脱線するんじゃ……。

隠居：まあ聞くがいい。墨子は兼愛、すなわち平等無差別な大いなる愛を説いただけではない。それだけで天下泰平となるべくもないのはだれが考えてもわかろう。ヒューマニズムだけで世はなべてうまくいくくらいなら、この世を生きるのは何の苦もないことになる。平和で安泰な国をつくるために何が必要か、となれば、そのためには公平で愛にみちたすぐれた人物の存在ということになる。それも一人や二人でなくて、多数だ。墨子はそこでそういう人物を育てて公平に起用する――起用するだけでなくこれを尊敬し、手当てもたっぷり与えて、存分に腕をふるわせることに政治の根本があると主張しておるのよ。人材の育成そして登用、いうなれば米百俵の精神よ。人材を多く集める、そこにこそ平和国家建設の妙諦がある、というわけなんだな。

人材登用こそ経営の根本

紀元前二世紀に成立した、ということは、司馬遷の有名な『史記』とほぼ同時代である風変りな史書『淮南子《えなんじ》』には、『墨子』にかんしてこんな風に記されている。

「兼愛上賢、右鬼非命は墨子の立つ所なり」

ここにある上賢とは「尚賢」のことであり、右鬼とは「明鬼」のこと、いずれも『墨子』七十一篇のなかの篇名である。「兼愛」「非命」両篇とともに「尚賢」篇が、『墨子』の骨格をなす主なる思想であることがこれでわかる。

「尚賢」篇は〔上〕〔中〕〔下〕にわかれているが、ほぼ同じ論旨であるので、まずはまとまりのよいと思われる〔下〕の冒頭のところを引いてみる。

「子墨子言曰、天下之王公大人《たいじん》、皆欲其国家之富也、人民之衆也、刑法之治也」

と記したところで、いまどきこんな文章の意がすらッと頭に入る人はほとんどおるまい。で、例によって我流の解釈をつけてみれば、「そもそも上に立つものはだれもが、国を富まし、人口をふやし、社会秩序をととのえたいと望んでいるものだ」となる。そしてつづけて「そうであるのに、いまどきの上に立つものは、決して能力のある人物をとりたてて国を治めさせようとはしないものだ。国家繁栄の根本は、なによりも人材の登用にあることを忘れているのだ」と。

墨子はもっぱら国を治める、つまり政治についてここでは語っているが、これをこんにちの組織ないし会社と直してみても一向に差支えはない。国家百年の計がそれにあるように、会社繁栄の根幹は人材登用にある。それなのに経営者は自分にズケズケという優秀な人物を登用することをしないで、おべっかをつかって何でもいうことを聞く二股膏薬《ふたまたごうやく》の連中を重用するのが常である。この種の連中は忠実ではないのに、忠実であるふりをするのがうまい。しかし、そんなことでは経営はうまくいかない。会社経営の根本は優秀な人材登用にあるのであると、墨子は強く主張している。それが「尚賢」篇なのである。

同じことが〔上〕にも記されている。そこで念を押すようであるが、〔上〕のまた冒頭に近いところを読み下してみる。余計な解釈をつけなくとも、以上のことを心得ていれば容易に理解できるであろう。

「この故に、国に賢良の士を有すること衆《おお》ければ則《すなわ》ち国家の治厚く、賢良の士寡《すくな》ければ則ち国家の治薄し。故に大人の務《つとめ》は将《まさ》に賢を衆《おお》くせんとするに在るのみ」

墨子はこう大原則論をぶったあとで、その例をいくつも歴史のなかから探しだして列挙し、おのれの説の説得力を強めるのを常道としている。そしてここでは人材を登用した結果として成功した好例として過去の、しかもその当時にあってはだれもが知っている聖王のことを引っぱってくるのである。

こんどは我流の解釈を展開するよりも、和田武司さんが『墨子』（徳間書店）で、少しく『墨子』の原文を離れて懇切叮嚀に、中国古代史に無知のわれわれにもわかるように例の一つ一つをくわしく説明してくれている。少々長すぎる引用となるけれども、それを写したほうがはるかによろしいかと考える。

「かつて、舜《しゅん》は歴山のふもとで畑仕事をし、河瀕《かひん》で陶器を作り、雷沢《らいたく》で魚をとり、とれたものを常陽《じょうよう》に売りに行って、くらしをたてていた。この舜を服沢《ふくたく》の北で見出したのは、堯《ぎょう》である。堯は舜を天子に迎え、自分に代って政治をみさせた。

伊尹《いいん》は、はじめ、有莘氏《ゆうしん》の家臣のそのまた家臣として、料理番に使われていた。この伊尹を見出したのは、湯王《とうおう》である。湯王は、伊尹を大臣に登用し、自分に代って、国を治めさせた。

また傅説《ふせつ》は、北海の洲にある監獄の近くに住み、粗衣をまとい、縄を帯代りにし、傅巌《ふがん》の道路工事にやとわれていた。この傅説を見出したのは、武丁《ぶてい》である。武丁は、傅説を大臣に登用し、自分に代って、国を治めさせた」

その昔、中学生時代に「東洋史」の授業があり、これ以上の名君はないものとして堯舜の名くらいは、わたくしも教えられて知ってはいたが、伊尹も傅説もはじめてお目にかかる名前である。しかし、疑うべくもなく、かれらが見出され登用されることで実力を存分に発揮し、天下は治まり、世は平和となり、人々の暮らしは安楽となったのであろう。

こうした具体例をほかにもいくつもあげた上で、墨子はいうのである。このところは原文の読み下しがいい。

「あに骨肉の親《しん》と、貫故《かんこ》富貴なると、面目美好なる者たるとをもってせんや」

堯が舜を登用し、湯が伊尹を登用し、武丁が傅説を登用したのは、いいかい、縁故関係とか、学歴があり出身がいいとか、金持ちの倅《せがれ》だとか、顔や姿が格好いいからとか、そんなくだらない理由からじゃなかったんだよ。そう墨子は念押しするのである。

墨子が生きていた古代中国の戦国時代は、戦乱また戦乱の乱世そのものであるがゆえにかなり堕落頽廃した時代でもあった。とにもかくにも世襲的な貴族どもがハバをきかせていたし、金持ちどもが賄賂で地位をえたり、王侯貴族どもがイケメンをまわりに侍《はべ》らしてすこぶるいい気になっていた封建の時代とみることができる。墨子はそんな現世の浅ましい風潮に警鐘を打ち鳴らし、根本から改めさせようとしているのである。縁故とか学歴とか財産とか容貌は、知識や能力とは何の関係もないんだよ、と。

さらに、気に入った文章を引く。

「官に常貴なく、民に終賤なし。能あれば則ちこれを挙げ、能なければ則ちこれを下し、公義を挙げ、私怨を避く」

これまた、まことに堂々たる墨子の宣言である。ここには墨子の兼愛に通じる平等主義と、能力重視の奮闘努力主義がよく表われている。貴族がいつまでも貴族であっていいはずはなく、高いポストについているからってその地位がずっと保たれるなんて許されぬこと。同じように、生まれやそのほかの事情で、人民がずっと低くて賤しい地位に甘んじなければならないなんて法はどこにもない。上のものが、いつまでも上にいられると思うなかれ、能力があるものがどんどんとりたてられ、能力がなければ格下げされること、それこそが世のため人のためになると。何事も公明正大でなければならぬし、余計な私情をはさんではならぬのである。また、それゆえに、人は常に奮闘努力せねばならない、と墨子の論述はつづくのである。

机上の学問と図上演習

ともあれ、『墨子』の引用ばかりでくどくどとやるのを省略することにして、要するに、「尚賢」篇〔上〕では、墨子の言葉を借りれば「賢を衆《おお》く」するのが大事ということであり、これが〔中〕〔下〕となると、とりたてた才能をいかに使うかということに重点がおかれるのである。

そのためにも能力あるものを大いに厚遇せよ、つまり地位も高くし報酬もバンバンはずめ。人材は欲しいが月給をけちるようでは、いまいる有能な人材も流出してしまうぞよ、と説かれている。が、われらが現代にあってこれはあまりにも自明のことというべきか。

墨子の説くところを読みながら、そしてこれを書きながら、むしろいまの競争時代に問題とすべきなのは、試験の成績万能主義という困った風潮ではあるまいか、ということに思い至っている。一言でいえば、「学はあってもバカはバカ」（元朝日新聞記者川村二郎さんの著書の題名）ということである。

そしてわが連想は「趙括談兵《ちょうかつだんぺい》」という言葉にまで飛ぶのである。いまはまったくといっていいほど聞けない四字熟語であるが、戦前にはときどきそれこそガクのある大人の口からでてきたもの。簡単にいえば「畳の上の水練」と同じ意味である。出典は司馬遷の名著『史記』「廉頗藺相如列伝《れんぱりんしょうじょ》」にある。ここで話をまたまた『史記』にもっていくのは筋道と違うが、やっぱり欠かすわけにはいかないので、司馬遼太郎さんにならって「余談ながら」というところである。

紀元前二六〇年、秦と趙のあいだで戦われた「長平の戦い」は、戦国時代最大の決戦であった。勝った秦も手痛い損害をこうむったが、趙は四十万の兵を失い字義どおり一敗地に塗《まみ》れたのである。このときの趙軍の総指揮官が名将趙奢《ちょうしゃ》の子の趙括である。

この趙括は、若いときから衆目の一致するところ古来稀《まれ》にみるような秀才であった。とにかく試験にはすべて合格。戦略戦術を論じさせても優秀で、議論をすれば、実戦の雄である父の将軍趙奢もタジタジとなるばかり。しかし、いくら言い負かされようとも父将軍は、決してセガレを認めようとはしなかった。ふつうなら親馬鹿ちゃんりんそば屋の風鈴といって、セガレの才覚をうるさいくらい自慢するものであるが、趙奢の目には結局は「学校秀才」としか映じていなかった。

その趙奢は病気で亡くなるとき、どんなことがあっても軍の総司令官をセガレにするようなことはしないように、と趙王に遺言した。ところが、「秦が恐れているのは、趙奢の御曹子趙括どのが将軍として乗り出してくることです」という秦の名将白起《はくき》の謀略に、趙王がまんまとひっかかって、軍の総指揮官にいきなり趙括がとりたてられることとなる。このとき、重病に伏していた藺相如《りんしょうじょ》という趙奢とならび称されていた名将がこれに反対していった。

「琴柱《ことじ》を琴に貼りつけてしまったら、千変万化の音色は生まれません。戦いというものは常に千変万化。そのさいの臨機応変の指揮は、机上で学問をいくらやってもできるとはいえますまい。拙者も反対です」と。

しかし趙王は聞き入れず、趙括を将軍にとりたてた。秦王はしてやったりと、白起を総大将にして、大軍をして趙との国境を越えさせ攻めかかった。ここに長平における両軍の四十日間におよぶ激闘がはじまった。結果は、白起の作戦が巧妙をきわめ、趙軍は完膚《かんぷ》なきまでに撃破される。趙括は、やることなすことすべて鶍《いすか》の嘴《はし》と喰い違い、ギリギリ追いつめられ、軍の主力を率いて陣頭に立ち起死回生の総攻撃にでたが武運つたなく戦死という哀れさ。まさしく父の「趙括は将軍の器にあらず」という予見が大当たりしたのである。

ここが言うは易しくして、人材起用のむつかしさである。親父の趙奢は実戦に長《た》けているから、生きた現実がよくわかる。具体的に戦いの実相をつかんでいる。書物と違って、現実というものはいつだって生きたもので、ダイナミックに変化する。たいして机上の学問や戦いの図上演習は、生きた現実のはげしい動きを頭の中で止めて、形式や理窟に直してしまう。動的な現実を、学習した理論にあてはまるように静的な、概念化・形式論理化したものと受けとってしまう。これが上手になればなるほど〝頭がいい〟との評判が立つのである。

秀才趙括にいわせれば、親父には理論がない、おのれの口で説明できぬ、喋らせれば筋が通らないことばかり、頭が古いということになる。歴戦の将の親父の目には——そう、『史記』に書かれている親父のセガレ評が的を射ている。

「そもそも戦さは命がけの場だ。だが、セガレの兵法は口先だけのもの。万一総大将にでもなれば、かならずや軍を破滅させてしまうであろう」

セガレの言っていることは理窟にすぎぬ、議論の遊戯であり観念の遊戯にすぎない。すなわち「趙括談兵」の四字熟語のあるゆえん。ゆえに総大将にしたら大敗すると遺言したのに……と趙奢は恐らく天国で歯ぎしりして口惜しがったにちがいない。

あに『史記』の趙括のみならんや。太平洋戦争においても、陸軍大学校や海軍大学校を優等卒業のエリート参謀たちにそのままいえる。命を的にして弾雨をくぐりぬける経験を何らしないままに、理窟の上では完璧で、どこにもスキのないまことに見事な作戦計画が彼らによってたてられた。しかし、それがいかに戦いの現実に即しないアホーなもので、そのために何千何万という前線の将兵が死ななくてもいい死をとげねばならなかったことか。それを知れば知るほど情けなさを通り越して大泣きしたくなってくる。

この話、なにも戦争ばかりではない。政治でもそのとおり、会社経営でもそのとおり。入社試験を目を見張るほどのいい成績で通過し、これぞ人材中の人材と期待されたものが、まったく使いものにならないヤツであった体験を、わたくしもサラリーマン時代にたびたびした。

くり返すが、墨子の主張するように、国家であれ組織であれその繁栄の根幹は人材にあり、そのことは正しいのである。つまり「米百俵」の精神は間違ってはいない。さりながら、はたしてこやつはたしかに人材なるや否や、を見抜くのは非常にむつかしい。

人間サマというやつは外から見ただけではわからないという、まことに厄介な存在なのである。

“北越の傑物”のこと

その上に、時代の流れというものもある。人間の運不運を考えるとき、時世時節《ときよじせつ》という言葉がいたく胸に響く。ダイナミックな時勢の変化についていくことがならず、せっかくの才能も発揮できぬまま見捨てられてしまう歴史的事実は多々あるのである。ここにも人材起用の容易ならざるところがある。

さらに、屋上屋《おく》を重ねる、余話に重ねての余話となるのであるが、話が『史記』に及んだところでもう一話。「范雎蔡沢列伝《はんしょさいたく》」にもふれておきたい。あまり聞きなれぬ人物かもしれないが、このふたりもまた稀にみる才幹の持主であった。しかし、見出してくれる王公大人に恵まれず、長いこと説客《ぜいかく》として諸国を放浪せねばならなかった。

時はこれまた紀元前三世紀の戦国の世。舌先三寸の弁舌をもって諸侯にまみえ、自分を売りこむ、こうした遊説《ゆうぜい》の士を説客といい、この種の人物が山ほどもいた。しかし、遊説に成功して首尾よく官職にありつけたものの数はそれほど多くない。そのなかにあって范雎と蔡沢は幸運にも高いポストを射とめた成功者であったのである。

ただし、ここに書きたいのはそんな成功譚ではない。この篇のおしまいに記されている司馬遷の総評について。これが人材発掘のむつかしさのある一面を語っているので、そこに注目したいのである。

「……〔二人とも機略ある説客なのに〕諸国を遊説して、頭髪が白くなるまで知遇をうけなかったのは、その計策が拙劣であったためではない。遊説した諸侯の力が弱かったからである。二人がいくつもの国を遍歴して秦に入るに及んで、相次いで卿相《けいしょう》の位について、功業を天下に示したのは、秦が大国であったからである。人間には巡り合わせというものがあるのである。この二人に匹敵するような賢者でも、ついに志をとげることのできないものは非常に多く、それをいちいち述べるまでもないのである」

然り、時世時節のみならず、人間の運不運には場というものの影響するところも大なのである。「時と処を得ざればついに志を遂げられず」という言葉があるとおり。そこで、わたくしにはごく自然にひとりの英雄のことが思いだされてくる。またまたわが田に水を引くようであるけれども、戊辰戦争のときの越後長岡藩家老の河井《かわい》継之助《つぎのすけ》である。

この〝北越の傑物〟継之助が、主君の外政的秘書役ともいうべき公用人からいっぺんに家老に抜擢されたのは、長岡藩が西軍を敵として戦端をひらくほぼ一カ月前の慶応四年（一八六八）四月一日。この主君牧野忠訓《ただくに》の特別にしてあまりにも性急な思し召しが、じつは七万四千石の長岡藩に不幸をもたらしたというほかはないのである。

司馬遼太郎さんの長篇小説『峠』では、つぎの世は士農工商が崩壊するであろうことさえ明確に見通しているほど開明的な、鋭敏な頭脳をもち、断乎たる意志をもち、かつ最後のサムライ精神の持ち主として、河井はじつに魅力的に描かれている。はたしてどんなものか。

お蔭さまでこの小説いらい河井継之助は、そのサムライの美学が多くの人々の共感をよんで、長岡随一の有名人となったが、長岡中学校を卒業したわたくしは、いささかならず納得できないものを感じている。むしろ長岡城陥落のあとの、「米百俵」の小林虎三郎や、焼野原から長岡を復興させるのに渾身《こんしん》の力をふるった三島億二郎など、河井よりもっと大事な人がいる、という想いがあるからである。どんなに美しく、いさぎよい男の美学があろうとも、一国の運命を背負った人間は、国を滅ぼす道をえらんではならない、と河井好きのクラスメートと中学生時代にやりあったものであった。それいらい、わたくしは河井にかなり否定的なのである。

「そりゃ、上杉謙信、直江山城守、河井継之助、山本五十六と、長岡に育った英雄たちをならべてみると、ガゼン胸を張りたくなる気持ちはわかるけれど、そこはやっぱり歴史というものは冷静にみなければいかん。お国自慢と公正な歴史とは違うんだなあ」と。

もちろん、司馬さんも、河井継之助の果敢な行動によって、賊軍となった長岡藩の人々のその後に嘗《な》めた辛酸《しんさん》を、とうの昔に知っていたのである。『峠』の三年前に書かれた短篇に「英雄児」があり、そこで河井を主人公にしてすでにその真価についての別の考え方を披瀝している。すなわち、

「あの男の罪ではない。あの男にしては藩が小さすぎたのだ」

と器に入りきらなかった事実を指摘し、さらには、

「英雄というのは、時と置きどころを天が誤ると、天災のような害をすることがあるらしい」

という狂信的な英雄の負の部分に着目した言葉が結びとなっている。こっちの河井像にわたくしは同感するのであるが……。それで生前の司馬さんに何回かこの件について問いただしたが、なぜかはっきりした返事はもらえなかった。

まったくの話が、『峠』と「英雄児」をならべてみると、一筋縄ではいかない司馬遼太

郎という小説家の大きさ、ということになるが、それはまたとりも直さず人材登用の重要さとむつかしさを語ってくれている。そして、もういっぺん「時と処を得ざれば云々」とくり返さざるをえなくなる。

人材をいかに発掘するか

『史記』の趙括といい、『峠』の河井継之助といい、語れば語るほどに、わが墨子の「尚賢」の思想に異議を申したてたような結果となった。そうではなくて、それこそ墨子の生きた紀元前五世紀と二十一世紀のいまとでは、〝時〟が違いすぎるのである。墨子が主張したことは真実正しいことであったし、当時の世襲的な貴族政治のため人々が窒息しそうな封建時代にあっては、革命的ともいえる思想であり主張であったのである。またまたくり返しとなるが、

「いま王公大人のその富ます所、その貴ぶ所、みな王公大人の骨肉の親《しん》と貫故《かんこ》富貴なると、面目美好なるものなり。いま王公大人の骨肉の親と貫故富貴なると面目美好なるもの、なんぞ必ず知ならんや。もし不知なるにその国家を治めしめば、その国家の乱得て知るべきなり」

この〔下〕にある一文を意訳せば「為政者や経営者が、いま沢山の給料を与え高い地位につかせているのは、縁故関係か、財産ないし身分のあるもの、または容貌のすぐれたものばかり。こういうつまらぬ基準でとりたてたヤツが能力のある賢者であるはずがない。こんなヤツらに国や会社の運営をまかせれば、治まらずもうからず、大混乱におちいるのは当然というもの」という墨子の主張となるが、このことはそっくりそのままいまの日本にもあてはまろう。決断力のない学校秀才的首相におべっか閣僚に世襲議員、世襲経営者におべっか重役、不満たらたら社員。墨子は少しも古くなっていないのである。

と、ここまでやってきてまたまた脱線となるが、吉川英治の大長篇『宮本武蔵』にどうしてもふれたくなる。戦前にあっては徳川夢声のラジオでの連続の朗読が楽しくて、小説を読むよりさきに、ストーリーの面白さが耳から入って、武蔵のファンとなったものであった。暴れん坊の村の郷士の武蔵は、剣の鍛練と人間修業の甲斐もあって、将軍の剣術の指南役に推挙されるまでに立派な武士になる。しかし、ついに指南役になれないという筋が、たしかにこの小説の重要なポイントの一つであった。

なぜもう少しのところで登用が見合わせられてしまったのか。確かな腕、申し分のない学問を身につけ、人間的にも優秀、絵画・彫刻までよくする一流の人物になりながら、である。すなわち、決定的なマイナスは武蔵の素性や家柄のいやしさ低さ。それゆえに真の実力がありながら、能力とは違うところで不当におとしめられてしまう。背景には作者吉川英治自身の社会や文壇における「通俗作家」という軽視、それにたいする痛憤があったのであろうが、それがまた多くの読者の同情的な共感をよんでこの小説はベストセラーになったのであった。左様、戦前の日本の差別は考えられぬくらいひどいものであったのである。

閑話休題《それはさておき》、そうなると『墨子』に残るのは、いったいたしかなる人材はいかにして見分けたらいいか、という疑問である。人材を尊く思い、それを大いに用いるべきことはわかった。されど、いかなる人物が賢者として尊ぶべく、用いるべきかを知らなければ、折角のご説教も無意味となるではないか。

墨子は、その疑問にたいしてははっきりとしている。〔上〕にその答えがある。

「義ならざれば富まさず〔高給を与えず〕、義ならざれば貴くせず〔高い地位を与えず〕、義ならざれば親しまず〔信頼しない〕、義ならざれば近づけず〔相談相手にはしない〕」

この方針を上に立つものが厳《げん》として貫けばおのずから下のものは「われ則《すなわ》ち義を為さざるべからず」ということになる。みずから人間性を磨き、勉強し、才能を伸ばす努力をする。そうした奮闘努力の人間を見つけだして起用する。その結果として、抜擢された賢人は「力あるものは疾《と》くもって人を助け、財あるものは勉《つと》めてもって人に分ち、道あるものは勧《すす》めてもって人に教う」〔下〕ということになり、まことに理想的な、すばらしい国あるいは組織ができる。

つまり、力あるものは力で、財あるものは金《かね》で援助し、学あるものは人に教えることで世の中に貢献する。そうすれば、災難を受けた人はすぐ助けられ、貧しいものも餓死せず、そして文字の読めないものでも文化の有難さを享受できるようになる。世はなべて事もなし、目出度し目出度しとなるはずである、と墨子はいい、それゆえに、上に立つものはすべからく人材発掘の心得として、その人物に「義」の信条ありや否や、を見定めるべしと主張するのである。なれば「義」とは何か、ということになるが、そのことについてはあとで（第六話で）語ることとする。

そしていまここでは残された問題に、最後に少しくふれておく。すなわち、では、そうした人材を見出さねばならない上に立つもの自身は、そもそもどうあるべきか、という難問である。墨子はこれにも堂々と答えている。〔中〕にある。

「古《いにしえ》の聖王、もって賢を尚《とうと》び、能を使うことをもって政《まつりごと》を為すを審《つまびら》かにし、而《しこう》して法を天にとる」

ここに墨子の思想において、老子、孔子、荘子、荀子、韓非子といった中国の古代思想家たちとは明らかに違う独特の「天」の思想がでてくるのである。上に立つものは、なによりかによりも「天」を恐れなければならない。「法を天にとる」とは進むべき道を天の意思にまかせるということである。天を恐れずして人を使い、金を費消し、国家をほしいままに動かすことは許されない。天には意思があるのである。天意にそむけばかならず天罰が下るものと心得よ、と墨子はいうのである。

すでにふれた司馬さんの、短篇「英雄児」に書かれた結びの一行をここで読み直してほしい。墨子と司馬さんの「天」の解釈はかなり違うが、その存在を認めているところは共通しているのではないであろうか。上に立つものは、とにかく何よりも私心を捨てよ、である。天の意思を尊べ、と墨子は主張するのである。

「義」といい、「天」といい、まことにむつかしい問題がつぎにでてくる。ひるまずに、百万人といえども吾《われ》征《ゆ》かん、というところでつぎに進んでいく。

第三話　「天」と「鬼神」は存在する？

〽天に代りて……

わが悪ガキのころ、いっときほとんど毎日のように歌った軍歌がある。紙製の日の丸の小さな旗をしきりに振って、隊伍を組んで歩きながら、精いっぱい天に轟《とどろ》けとばかりに歌ったものであった。

天に代りて不義を討つ
忠勇無双のわが兵は
歓呼の声に送られて
今ぞ出《い》で立つ父母の国
勝たずば生きて還らじと
誓う心の勇ましさ

あれから六十年以上たっても記憶の襞《ひだ》からぬけ落ちない歌詞の一番を、ためしに全部書いてみた。やっぱり書けた。ご存知ない方にはさっぱり興のわかないことであろう。が、幼少のころに歌ったことのある方には、自然とメロディも口の端《は》にのぼってくる、ある種のなつかしさのわき出てくる文句ではあるまいか。

この歌と日の丸の旗の波に送られて、それこそ勇んで戦場へ出ていった若もの。その不運なものは一ヵ月もたたないうちに白木の小箱に納められて無言の帰国をすることになる。「生きて還らじ」と誓ったばかりに、といまになると愚痴りたくなる。戦前の昭和とはおよそ人間の生命なんて軽々とした、そうした非情の時代であった。

そんな無残なことを背景にして、ただ何となくこの歌を当時は〝出征兵士を送る歌〟と思いこんでいたが、長じてそれが違うことをわかって、いささか泡を食った覚えがある。これは明治三十七、八年の日露戦争のときにつくられた軍歌の一つなのである。正しい題名は「日本陸軍」。それも二番が「斥候《せっこう》」、三番が「工兵」、四番が「砲兵」と、まったく後のほうは覚えていないが、十番まであるすこぶる長いものなのである。作詞者が大和田建樹、とくればかの「汽笛一声新橋を……」がすぐに想いだされてくる。この鉄道唱歌の長かったこと、はたして何番まであったのか。作詞者が同じじゃ、道理で長いはずである、と納得もされる。

明治三十八年（一九〇五）に日露戦争が終って、大日本帝国にはその後しばしの平和がつづき（第一次大戦へのわずかな参戦はあったが）、昭和になったころはこの歌もいつか埋もれてしまっていた。それが忽然《こつぜん》と息を吹き返したのが昭和六年（一九三一）の満州事変の勃発。

突然の戦闘勃発に間に合わなくて、戦意昂揚のため、はじめは、同じように日露戦争後はずっと眠っていた「戦友」がひっぱり出されたらしい。例の「ここはお国を何百里、離れて遠き満州の……」である。ところが、歌詞のなかに「それじゃ行くよと別れしが、永の別れとなったのか」の一行がある。これはまことに縁起が悪い文句である、戦争に征く兵士の歓送には向かない、ということになった。さりとて、新しい出征兵士を送る歌をつくるには時間がかかる。ますます激烈になってきているドンパチに間に合わない。さてさて、どうしたものか、当局はとつおいつ考えているひまはない、目の前に盛んなる明治の御代に歌われた都合のよろしくも勇ましい歌があるではないか。かくて大和田建樹の「日本陸軍」の再登場ということになった。

いらい昭和二十年（一九四五）八月の大日本帝国の降伏まで、だんだんに威勢よく歌っている戦勢ではなくなったものの、戦前の昭和をとおして日本全国の津々浦々の鎮守の森にどよもして、「天に代りて不義を討つ」がとにかく歌いつづけられたものであった。

かんじんの墨子をすっぽかして何たる昔話の長談義と叱られそうである。しかし、この長い軍歌のなかに採りあげて問題としたい文句がある。すなわち、この「天に代りて不義を討つ」の最初の一行である。読者に叱られようが、どこ吹く風と、このまま続行していきたいのである。

明治の御代にこの歌を高唱していた人々は、その南下政策によって満州の曠野を席巻して自分のものとし、いまや強大な武力にものをいわせて国境を越え朝鮮半島にまで踏み入れんとしている帝政ロシアの侵略主義を、「天」も許さぬ〝不正義〟と見なしていたにちがいない。当然のこと、この平和の攪乱者にたいして天罰が下されるであろうものと考えた。その「天」がきびしい罰を下す代りに、わが日本帝国が断乎としてその不正義をやっつける、その想いがこの一行にこめられていた。

昭和の御代の日本人（われら悪ガキもふくめて）は、そもそもの原歌の対象が帝政ロシアであったことなんか知らず、いまや中国を敵として出征する兵士を華々しく歓送する歌として、この歌を高唱していたことは書くまでもない。中国は（当時は支那といっていたが）わが大日本帝国の建国いらいの大理想である〝八紘一宇〟の実現の障害となる不埒なる悪行をつづけている。これこそは「天」が許さぬ所業である。ゆえに「天に代って」これを討たねばならない。それゆえに、この支那事変はまさに聖戦である、と日本人のだれもが確信していたのである。いや、させられていたのである。

いまになれば、はたして「天」が許さぬ不義をなしていたのはいずれのほうであったのか、いささか首を傾げざるをえないが、当時はそんなことを考えるものとていなかった。建国いらいのこの国の大理想は天道にぴたりとより添っている聖なる大事業と心得ていたのである。

昭和史のなかにでてくる天

日本の歴史をちょっとひもとけばわかるけれど、このすべてを超越してこの世を造りあげリードする「天」というものを、一つの思想・信条の象徴としてうけとめ、日本人は中世ごろからずっと認めてきていたようである。もともとは中国から伝来した考え方であるのはいうまでもない。白川静先生の『常用字解』にはくわしい解説があるが、要は「……天命の思想は、周王朝（紀元前一〇八八）になってから生まれた」もので、「すべてのことは天命によって決まると考えられ、人の力の及ばぬことをすべて天というようになり……」というわけである。

そして、この「天」が思想の言葉として、日本の民衆のほうにまでひろがっていったのは、近世の徳川幕府ができてから。徳川家康が豊臣氏を滅ぼして政権交代をあざやかにやってのけたのは、まさしく「天命」によると正統化するため、儒教のいう「天」をさかんにもちだしたことによる。ともかくも徳川時代を支配しつづけた思想は儒教、それもきわめて厳格にした朱子学であったことであるし……。

と、家康からはじめて、長々とやっては迷惑この上ないことであろう。ここは端折《はしょ》って、文明開化の近代日本からはじめても、容易にいくつもの「天」の例を見つけることができる。

幕末動乱期には、攘夷の浪士たちが京都を中心に荒れ狂った。外国人はもとより、開明派の人々や公武合体論者たちがつぎつぎと血祭りにあげられる。かれらは天に代って不義の連中を誅伐することを正義として、「天誅」の名のもとにテロを無茶苦茶にくりひろげた。わが敬愛する勝海舟の、テロにあきれ返った回想が残されている。

「攘夷暗殺を試みんとする輩《やから》五六百名。この党、私的、賢愚を論ぜず、一者の外国人を殺す者はその私会に上席し、衆士に尊敬せらる。壮子の気焔かくの如し」

テロを実行したものがグループの上席に座り、皆に尊敬される。もうそのアホらしさは止めようがなかった——と。

その勝海舟といえば、この人もまた「天」の意思を重くみる御仁であった。「天」に任せ、「天」に応えることで、江戸城無血開城の大業を見事に成就した。度胸と政治力と術策とで、新時代を切り拓いた海舟にしてこの言葉があるか、の感がしきりとさせられる。

たとえば「戊申述懐以寄旗下諸士」と題する詩には、

大事貴有終　大事　有終を貴しとせん
勿言速与遅　言うなかれ速きと遅きを
述志告子輩　志を述べて子輩に告ぐ
勿作天意違　天意に違《たが》うを作《な》すなかれ

と、歴史の大いなる流れの前には、つまり天の意思の前には、人間の小細工がかえって仇《あだ》となる、と説いている。ほかにも「褒貶《ほうへん》ただ天に任す」とか、「独り明を分つの眼を以て／沈黙　天の歩《あゆみ》を観ぜん」とか、「上下千年天の知るに任ぜん」とか、海舟はいつも「天」を尊重し「天」の意思に帰っていく。そういえば、海舟は終生、話し合いによる問題解決を主張し、武力による戦闘を心底から拒否し、平和主義を貫いている。これぞまさしく墨子そのままであった。

つづいて文明開化の明治になってすぐ、福沢諭吉がその著書に記した「天は人の上に人を造らず、人の下に人を造らずといへり」、これが大人気をよんだ。四民平等の明治新政府のスローガンを、まことに見事にいい表わしたものなりで、福沢はさすがに先をみる眼があると大受けした。いまだって福沢の信奉者はこれを金科玉条のごとくにあがめたてまつって、すぐ口にする。

中間を省略して明治三十五年（一九〇二）一月、青森の歩兵第五連隊第二大隊が、猛吹雪の八甲田山で遭難するという大事件が起こった。このとき、神成《かんなり》文吉中隊長が叫んだという言葉が、新聞や雑誌に報ぜられて、はげしく人々の胸を打った。

「天はわれらを見放せり。俺も死ぬから、全員枕をならべて死のうぞ」

そしてぐーんと飛んで昭和になると、大和田建樹の作詞した歌、「天に代りて不義を討つ」がさかんに歌われる戦時日本がやってきた。これについては長々と書いた。

すっかり文明したものの、戦前の昭和の日本人は、目にはみえないが偉大な力をもつ「天」の存在をまだかなり信じていた。いまと違って、それだけ謙虚さがあったということなのであろうが、幼少のころのわたくしたちの周辺には、なんと多くの天をもつ熟語がころがっていたことか。「天分」「天命」「天職」「天才」「天災」「天然」「天変地異」「天長地久」そしてなによりもかによりも「天皇」。

そういえば、いまもしきりに使う「天網恢恢疎《てんもうかいかいそ》にして漏らさず」がある。この言葉の出典は儒教にあらず道教。『老子』任意第七十三章にでてくる。「天の道は争はずして善く勝ち、言はずしてよく応じ〔天というものはとくに言葉を発したりしないが、万物の願いにこたえて、悪者には凶を、善者には吉をもたらす、の意〕」にはじまり、ちょっと略して、「天網恢恢疎にして失はず」とある。

天の網は人の目からみればごくごく粗《あら》いようにみえるが、それでいて決して人間のやる不義を洩らしはしない。つまり、いかなる巧妙な悪事であろうと、最後には天が逃がさずに罰をあたえるであろう、の意なんである。いや、これは書くまでもなく周知のことならんか。

もう一例、昭和史のなかで、欠かしたくはないいい手紙がある。昭和十六年（一九四一）秋、時流の動きは坂道をころげ落ちる石のように、対米英戦争への道を突き進んでいた。連合艦隊司令長官山本五十六大将は、何とか亡国の戦争をやるべきではないと苦心惨憺《さんたん》をつくしていたが、もはや「魔性の歴史」（米内光政《よないみつまさ》大将の言葉）の奔流は、一個人の力でとめるべくもなかった。

対米英非戦論に立つ山本は絶望を感じた。そして開戦の一ヵ月前の十一月九日、海兵（海軍兵学校）同期の親友堀悌吉《ほりていきち》中将あての一書に、万感の想いをこめてこう書いた。

「之が天なり命なりとはなさけなき次第なるも、今更誰が善いの悪いのと言った処ではじまらぬ話也。……個人としての意見と正反対の決意を固め、其の方向に一途邁進の外《ほか》なき現在の立場は誠に変なもの也。之《これ》も命というものか」

山本は、これが天の意思なのか、天命なのか、と悲痛な声を心の底からあげているのである。

孔子の天、墨子の天

いやはや、ずいぶんと脱線していささかオダをあげすぎたキライがあるが、いよいよ〝墨子の天について〟という本題にペンをすすめることになる。

ともあれ、ここでの主題は「天」なのである。さっきもちょっとふれたが、およそ定説によれば、紀元前十一世紀の殷《いん》王朝を打倒して周王朝への革命的政権交代の過程において、これを正統化するために、「天」という観念が登場したことになっている。初出は『書経』にあるらしいが、これじゃあまりにも超古代中国すぎて、それにわが生半可な知識で説くのは難儀だし、正しく理解してもらうにはより難儀すぎる。

そこですっ飛んで儒教ということになる。

人間の始祖であり、地上のいっさいのものを支配する偉大なるものが存し、それを「天」という。という観念は、春秋・戦国時代の古代中国の思想家には共通した考え方であった。なかでも儒家、かれらの思想の根源はそこにあった。つまりなによりもまずは春秋時代の孔子さまなのである。

孔子とくると『論語』。『論語』のなかの「天」については、中学生時代からさんざん叩きこまれた「先進」篇の一節が想いだされる。弟子の顔淵《がんえん》の死を悼んで孔子は悲痛な叫びをあげるのである。顔淵ときに三十一歳、孔子はもっとも信頼し期待をかけていた弟子の早逝を惜しみ天にむかって叫ぶ。

「ああ、天、われを喪《ほろぼ》すか。天、われを喪すか」

これにならって、悲しいことではなく、何か大きなシクジリをやったりして、こっぴどく叱られたりしたとき、わたくしもまた、

「ああ、天、われを滅ぼすか。天、われを滅ぼすか」

と、天を仰いでやったりしたものであった。中学生には天が何であるかよくわからなか

ったが、そう叫ぶと何となく気が休まった。

ほかにも『論語』にはしょっ中、天がでてくる。「憲問」篇にも、かなり有名な孔子の言葉がある。

「子曰く、われを知ること莫《な》きかな、と。子貢《しこう》曰く、何《なん》すれぞそれ子を知ること莫《な》からんや、と。子曰く、天を怨みず、人をとがめず。下学して上達す。われを知る者はそれ天なるか、と」

孔子が七十一歳のときの歎きである。「いまの世の中、だれもわしを理解してくれる者がいないなあ」というと、弟子の子貢が、そんなことはありません、みんなが先生の令名を聞いてお慕《した》いしておりますよ、となぐさめる。すると、孔子は重ねてしみじみした口調で語ったのである。

「自分は正しい道を行おうと努力してきたが、天の時をえず、事は志とくい違ったが、さりとて天を怨《うら》んだりしない。また、この世の至るところで、わしを知って重く用いてくれる人がいなかった。さりとて人をとがめようとは思わない。ただ、毎日々々、手近な事を学び、道理を究めようと努力し、どうやら高遠な真理を悟《さと》ることができた。人々から理解されなくとも、ひとり天だけはよくわしを知ってくれているだろう」

少々拡大して解釈してみたが、孔子の述懐は右のようなことになろうか。

また、「顔淵」篇には「死生、命あり。富貴、天にあり」とあったり、「述而《じゅつじ》」篇には「天、徳をわれになせり」とあったり、とにかく政権交代のための正統化としての天だけではなく、人間の正しい生き方を見守ってくれている根本的モラルの監視役としての「天」がぞくぞくでてくるのである。

さて、墨子である。すでに書いたように墨子はそもそもが儒学を勉学そして自分の哲学の出発点としているから、かれもまた、この古代中国の主流的伝統的な考え方を自分のものの見方の根本支柱においている。この世の真の支配者は「天」。百年前の孔子と同じように、単なる自然にあらず、目には見えねど、意志をもった神格的な存在としての天を信じて疑うことはない。

「それ天は林谷幽閑にも人なしと為すべからず、明らかに必ずこれを見る」

天の意思に反したことをやったものは、山奥だろうと谷の底だろうと、どこへ隠れてもその罪から逃げることはできない。『墨子』の「天志」篇はこう説くことからはじまっている。

「天意に順《したが》うものは義政なり。天意に反するものは力政なり」

墨子は政治の正義と不正義を「義政」と「力政」と表現する。これを一言でいってしまえば、義政とは平和主義であり、力政は弱肉強食主義ということになろうか。『墨子』はこのことを直截《ちょくせつ》に説いている。

「子墨子曰く、天の意、大国の小国を攻め、大家の小家を乱し、強の寡を暴《あらわ》し、詐《さ》の愚を謀《はか》り、貴の賤《せん》を傲《おご》ることを欲せず。これ天の欲せざる所なり」

〈大国が小国を攻め、大家が小家を滅ぼし、強者が弱者を食いものにする、悪知恵のあるものが正直ものをだまし、地位の高いものが一般の人を踏みつける。これは天のもっとも欲しないことである〉

これらはすべて力政、人としてやってはいけないこと。これとまったく反対なのが義政。要は、天は、天下がよく治まり、天下の人々がひとしく幸福になることを欲している。それこそが「天志」というものなのである、と墨子はいうのである。

「天の行は広くして私なく、その施《し》は厚くして徳とせず、その明は久しくして衰えず」

すべからく天は常に正しい判断をし正しく事を行う。私心などはない。このような天こそ法とすべきなんである。天を法とするということは、つまり天の欲することを行い、天の欲しないことはやらないということである……。

なんだ、当たり前のことをいっているんじゃないか。あるいは儒家と同じことを墨子はいっているだけじゃないか。そう思う方々も多かろうか。ならば、いったい、儒家と墨家とはどこがどう違うんだい？　と問う声も聞こえてくる。さあさあ、そこです、むつかしいところは。

鬼神は存在する

さて、そのむつかしいところにいよいよ突入するのであるが、すこぶる厄介な話となる。そこを気後れせずに大胆に、まず結論をさきにだしてしまおうか。儒家における「天」はあくまでも抽象的そして非人格化されていて、まことにつかみどころがない。これに反して墨家の「天」は具体的であり、たしかに存在し、賞罰や応報を直接に下す存在となっている。そこが大いに異なっている。ただし、断っておくが、天そのものが手をだして不義に応報の罰を下すのではない。ややこしい説明になるが、姿形《すがたかたち》のみえぬ天のなかに、たしかに存在する具体的な精霊ともいうべき鬼神が、つまり天のお使いが不義をなした人間にそれなりの罰を加える、そう墨家は考えるのである。

姿形のみえないものの中にたしかなものが存在するとは、何のこっちゃと思われることであろうが、そう思うほうが自然である。そこは、紀元前五世紀の人が考えることであると、ともかくもそうご理解していただくしかない。

そこで、墨子は、たしかなもの、すなわち鬼神がよく義を賞して不義を罰するものであるということを証明するかのように、鬼神の存在を明らかにする。そこで、過去にあった具体例をもちだして、「明鬼」篇で説くのである。その具体例は五つ。全部書くと多くの行数をとるゆえ、そのうちの二つをあげてみる。

〈一つ〉周の宣《せん》王がその臣下の杜《と》伯《はく》を無実の罪によって殺した。杜伯は死ぬとき、もし霊あらば三年を出《い》でずしてこれを知らしめん、といった。それから三年後、宣王は諸侯を集めて圃《ほ》田《でん》というところにいって狩猟を楽しんだ。そのとき、冠をかぶり朱の服をつけ、朱の弓をもち、朱の矢をさしはさんだ杜伯が、白馬にひかせた車にのって現われ、宣王めがけて弓に矢をつがえて射った。矢は宣王の胸に命中、背までつき抜け、王は倒れてその場で息が絶えた。まわりにいた諸侯はたしかにそれぞれがその目でこの光景を目撃した。

〈二つ〉秦《しん》の穆《ぼく》公《こう》が朝廷で政務をとっていると、人面鳥身で、黒い縁どりの白い服を着た精霊が入ってきて、公の左側に坐った。公が恐れて逃げようとすると、精霊はおごそかに告げた。天は汝《なんじ》の明徳を賞して十九年の寿を与え、汝の国家と子孫とを繁栄せしめ給《たも》うと仰《おお》せられた、と。公が三拝して精霊の名を問うと、聖霊は句芒《こうぼう》（五行の木運を司る神）であると答えた。

三、四、五は略すが、ほぼ同じような信賞必罰の、鬼神と称するもののなにやら不可思議な働きが書かれてある。それをまた、そばにいるものが皆してたしかに目撃している。決してカギのかかった密室の事件というわけではない。

「およそ不辜《ふこ》を殺す者は、その不詳を得、鬼神に誅せらるること、このごとく迅速なり」（「明鬼」篇）

とにかく罪のない人間を殺すなどの不義をなしたヤツはかならず罰をうける。しかも、迅速にそれが行われるのである。ゆえに「即《すなわ》ち鬼神のあることあに疑うべけんや」と墨子は明言する。しかも五つの具体例の終りはすべてこの言葉「疑うべけんや」で結ばれている。疑うことはできないではないか、と。鬼神の存在することを、墨子はひたすら強調するのである。そしてこの世に悪人どもが跳梁《ちょうりょう》するのは鬼神の存在を疑うからで、鬼神が悪人をかならず罰するということを認めぬからである、と力説する。

ところが儒家は鬼神なんかテンから認めない。全否定する。『論語』には「怪力乱神を語らず」（「述而」篇）という孔子のよく知られた言葉がある。儒教の教育をたっぷりうけ

た昔の日本人でこの言葉が大好きという人が結構多いのである。これだけではなく、墨子の弟子が、

「上帝（中国のよき皇帝たち）鬼神を祭祀して、福を天に求む」（「天志」篇）

と高唱しても、いや、強調すればするほど儒家はセセラ笑うのである。墨子より百年後に活躍する孟子になると、墨家をあざ嗤い、単に嘲笑しただけではなくガンガンと攻撃して飽きることがない。アホウも休み休みいえ、と馬鹿にしきっている。

さらにずっと後世の朱子になると、墨子の説くところはすべて「邪説なり。矯偽の言行多くして人情に遠し」とコテンパンである。

なるほど、パソコンだのインターネットだのと科学的・合理的であることのみを信奉し、お化けや占いごとを非科学的・非合理的なものとして排斥する二十一世紀の日本人からみれば、これはもう儒家のほうに軍配をあげざるをえない。墨子のいうことは非科学的な、所詮はあまりにも古代的な信仰観念としか思えない。具体例としてあげられているいくつかの事件（?）だって、実証的な存在証明というより、そう信ずるがゆえにそう見えただけの、まさしく蜃気楼みたいなものにすぎない、とそう判断を下すことになろう。

天を信ぜざるいまの日本人

でもネ、とここで老骨のわたくしは考えるのである。二十一世紀の、というよりも戦後日本人は、それにしても「天」を恐れなさすぎるようになっている、のではあるまいか、傲慢になりすぎているのではないか、と。

やれ人工衛星だ、やれ宇宙遊泳だ、やれ火星探索だと、二十一世紀はまぎれもなく「工業技術と科学技術の世紀」である。DNAの構造を操作することで、いまや人間そのものを変えようとさえしはじめている。そんな超文明社会にあって、ナニ、天？　ナニ、鬼神？　笑わせるなよ、ということなのであろう。

ところが、左様、わたくしなんかみたいな悪ガキのころより戦前の空気を存分に吸って育った人間は、天の定めた戒律を破ったとき、その罰として天変地異が生ずるという、いわゆる「天罰説」「天譴説《てんけんせつ》」にややもすれば傾きたくなるのである。何かといえば静かに天の声を聞こうとするのである。

地震、洪水、作物の不作、津波、落雷、竜巻エトセトラ、人間の力でどうにもならないこれらの天変地異は、みんな人を大事にしない悪政にたいして、天が警告を発したもの、なんて、わが悪ガキのころにはさんざん聞かされてきたものであった。

東京大空襲でわが家が灰燼に帰したのも、大日本帝国が長いことかかってやりつづけた膨脹政策・侵略主義の結果だ、天が許し給うことがなかったのだと、満目蕭条《しょうじょう》たる焼け跡を眺めながら、なにか達観したことを覚えている。この辺はいくらかは東京下町生まれの諦めのよさが災いしているかもしれないが。

儒家には「天譴説」といった考え方はほとんどない。墨家にはそれがある。ゆえに墨家には皇帝や諸侯の世襲にたいしてのきびしい論難がある。代議士のセガレが親の三バン（地盤、看板、鞄。つまり後援組織、知名度、資金・集金力）のお蔭で代議士になるなんてもってのほかのこと。それは天の欲せざるところなのである。

「今天下の王公、大人《たいじん》、君子、まことに天下の利を興し、天下の害を除くを求めんと欲すれば、鬼神のあるがごとく、まさに尊明せざるべからざるなり、これ聖王の道なり」

世の上に立つものは、天を恐れ鬼神の天罰を恐れ、おのれの分を守って真面目に正しく業務に精励すべきである。自分の利益のみをはかって、自由奔放、勝手気儘はいけないのである。有能の士を見出して登用するという大切な仕事をすっぽかして、まわりにオベッカ屋の、無能ゆえにわが身安泰のバカ者だけをはべらして、得々としていてはいかんのである。わたくし如きがかかることを心をこめて主張しても、乱れに乱れているいまの日本人には、所詮は空念仏《からねんぶつ》か。天、われを見捨てるか、とひとり悲しむべきことならんか。

第四話　「運命論」「宿命論」を否定する

『竜馬がゆく』と「非理法権天」

二〇一〇年、またNHKの大河ドラマは坂本龍馬、倦《あ》きずにやるもんだとボンヤリ眺めているうちに、ガーンと想いだされることがあった。

今回のは何やらオリジナルな脚本であって、司馬遼太郎『竜馬がゆく』とは無関係のものらしいが、龍馬がとにかく国民的英雄になったのは司馬さんのこの長篇のお蔭である。戦前日本では龍馬が主役の映画がつくられたことはなかった、というのが正直な話。それで頭に浮かんできたのは、その『竜馬がゆく』のラストの場面なんである。

「天」と日本人のことを語って、京都・近江屋での龍馬が暗殺されるこの小説のクライマックスをぬかすのは、いくらか手落ちの感なきにしもあらず。そう強く思えたので、すでに第三話で滔々《とうとう》と論じたことをむし返すようであるが、お許しを願ってもういっぺん弁ずることにする。

司馬さんは龍馬最期のシーン、つまりこの長篇小説のほんとうのお終《しま》いをこう描いている。まことに名調子であると思うので、長々と引用する。

「竜馬は突如、中岡をみて笑った。澄んだ、太虚《たいきょ》のようにあかるい微笑が、中岡の網膜にひろがった。

『慎ノ字、おれは脳をやられている。もう、いかぬ』

それが、竜馬の最後のことばになった。言いおわると最後の息をつき、倒れ、なんの未練もなげに、その霊は天にむかって駈けのぼった。

天に意思がある。

としか、この若者の場合、おもえない。

天が、この国の歴史の混乱を収拾するためにこの若者を地上にくだし、その使命がおわったとき惜しげもなく天へ召しかえした。

この夜、京の天は雨気が満ち、星がない。

しかし、時代は旋回している。若者はその歴史の扉《とびら》をその手で押し、そして未来へ押しあけた」

あまりの調子のよろしい名文に、大ていの読者は心にひっかかるところもなく、さあーと読み終えて、ページを閉じると深い瞑想にひたることになる。ところが、わたくしは初めて読んだときから、何やらコチンとくるものを感じて立ちどまるのを常とした。「天に意思がある」「天が……若者を地上にくだし、……惜しげもなく天へ召しかえした」、ここである。こうはっきり断定されては、そうなんだよな、とこっちも思わざるをえなくなる。

ところで……初めからこれは儒教にあらず、墨子だよと思えるところがあった。いまは墨子だと確信している。つかみどころのない儒家の天と違って、意思をもつのは墨家の天、そうじゃないか。

ついでながらさらにくどくなるけれども、蛇足をもう一話。

『太平記』赤坂合戦の巻に、「菊水の旗二流、松の嵐に吹き靡《なび》かせ云々」という楠木正成出陣の場面がある。翩翻《へんぽん》とひるがえるは、ご存知、半菊に水の流れを配す正成の旗印。そこに書かれているのが「非理法権天」の五文字。この五文字の意味するところを、そのむかし中学校では徹底的に仕込まれたことが想いだされる。

そして場は転換して戦争末期のニュース映画である。そこにはこの菊水の長旗をなびかせて基地をでてゆく潜水艦が映っていた。同じ五文字の「非理法権天」がそこに大きく黒々と描かれ、甲板上では回天特攻隊員が永別の「帽振れ」を必死の面持ちでやっている。われら中学生がその様をみて胸を熱くしたのは今から六十余年も前のこと。往時茫々とはこんなときに使う言葉ならん。

いまはそんな昔ばなしではなく、この五文字の解説である。これをいち早く解釈したのが、二宮金次郎のちの尊徳翁と最近になって知ってヘェーと思った。〝手本は二宮の金ちゃん〟が説いたのは、儒教にそっての勤倹貯蓄・刻苦勉励の精神ばかりではなかったのである。二宮翁はこれを読み下して曰く。

「非は理に勝つこと能《あた》はず、理は法に勝つこと能はず、法は権（憲とする場合もある）に勝つこと能はず、権は天に勝つこと能はず、天は明にして私なし」

そして、少々わけのわからない解釈をまずやってから、尊徳翁はこれをさらにくだいて、

「たとえ理ありとも頼むに足らず、権に押さるることあり、理を曲げても法はたつべし、されど権をもって法も圧すことあるべし、然れども、天あるを如何《いかん》せん」

と教えたというのである。権力者は強い。理を曲げ法を押しつぶして好き放題のことをするヤツもいる。しかし、そんなヤツでも天の意思にはかなわない。そしてニコッと笑って、翁はいった、というのである。

「箱根八里は馬でも越すが、越すに越されぬ大井川、ということとおんなじじゃ」

まだよくわからない人のために余計な言を重ねれば、翁のいうところは、つまり、知恵

（理）とか、弁舌（法）とか、権力（権）とか、それらをいかに駆使しても、ついに超えられないものがある、それは「天」なり、ということになるのである。それこそが「非理法権天」の五文字の意味なんであると、翁は説くのである。

　楠木正成がこの言葉を重んじたということは、正成は天の意思の正しからんことを念じた武将であったということを物語っていよう。そして回天特攻隊は……これはもう、出撃は死を意味する正成の湊川の合戦と同じ覚悟なりを示したもの。それ以外の意はない。

　それはともかく、いうまでもなく、二宮尊徳翁は江戸時代の篤農家で農政家、学んだのはひたすら『論語』であって、『墨子』ではない。『論語』の「陽貨」篇にある「天何をか言わんや。四時行われ百物生ず」を信奉する人。天は何も言わないが、春夏秋冬は休みなく運行されている。そしてその間に生命あるものは、みな生育しているではないか。目に見えず耳にも聞こえないし鼻にも匂ってこない。いわば天は「書かざる経」であるから、「心眼を開きて見るべし読むべし」ということになる。

　この二宮金次郎君の銅像を日夜仰ぎみて訓育された昭和ッ子たちが、「天」の思想を儒教的に自分のものにしたのはやむをえないことであった。そのためならんか、ちょっとばかり天罰をこわがりはしたが、真に恐れなかった。「いいか、悪ガキたちよ、悪いことをすると、天知る地知る人知るわれ知るといってな、かならずバレるものだ。悪いことはしてはならんぞ」と懇々と諭《さと》されても、「ヘーン、オレならもっとうまくやってやらァ」と、まずは屁の河童であった。

これが墨子のいうように、「天」も「鬼神」も実存するものと教えられていたら……。大日本帝国は無謀な戦争へと転げ落ち、多くの人びとが犠牲となり、美しい山河は、あのように手荒く天罰を蒙って荒廃に帰すこともなかったろうに、と思うのは、愚者の念仏にすぎないのであろうか。

おろくとの対話④

と、「天」に後戻りして龍馬やら菊水の旗の講釈を書き終ったところへ、くだんの編集者おろくがぶらりとやってきた。「墨子さんの『天』の話、読みましたわ。ともあれ墨子さんの独特の哲学がよくわかったけど……」といい、さっそく目をくりくりとさせて質問をなげかけてきた。

おろく：昭和も戦前・戦中の日本人は、かなりの人が天を頭においていたけれども、戦後の日本人はほとんど天を意識からとっぱずして、てんで恐れなくなったとおっしゃっていますが、ホントにそうかしら？

隠居：ならば、ちかごろの日本人の殺しの残虐性を、おぬしはどう考えておるかな。わが幼少から大学卒業（昭和二十八年）までの間、記憶に残る残虐事件といえば、昭和のはじめごろの向島は玉ノ井のお歯黒ドブのバラバラ事件と、戦後日本の占領時代が終った直後の戸田橋からのバラバラ死体投棄事件の二つぐらいで、それで二つともそれこそ大騒ぎとなったのであるが、このごろはどうだ？　一年に三つも四つもバラバラ事件が起こっている。まるで日常茶飯のようで記憶にとどめる余裕もない。秋葉原での殺人鬼事件のみならず、中学生が小学生の首を斬りとったというおぞましい事件もあったな。とにかく、このごろの無残な殺し方たるや言語道断というほかはない。

おろく：それに、数十年前にはパリ人肉嗜食事件もありましたね。

隠居：これらすべて天を恐れぬ所業と申すほかはない。殺すだけでも大へんなことなのに、それをバラバラにするなんて、人心もはや荒廃の極に達しておる。すなわち、いまの日本人は天に意思あるをまったく無視するようになった。何をやるにも手前本位。何をしようと許されると考えておる。

おろく：じゃ、戦後の日本人がそんなになったのは、なぜだとお考えなんですか。

隠居：ムムム、むつかしい問題だ。端的に答えがでるような話ではない。フーム。……左様、ごく大雑把にいえば、という茫漠たる話になる。すなわち戦争末期、日本人はひとしく天の意思を重んじた聖なる戦さを戦っていると考えていた。戦況がどんなに悪くなっても、やがて神風が吹くものと信じていた。ここが大事なんだな。ところが、ついに吹かなんだ。吹かぬどころか、神風はアメリカ軍の味方をしているとしか思えぬ、となって、なーんだ、神も仏も、天も鬼神もこの世にはないと……。

おろく：戦後はみんないっぺんに無思想、無信仰になってしまった……。

隠居：そう、そして一億総腹っぺらし、餓死寸前のときがきた。すべてが焼き尽くされて虚無と精神的頽廃のみがこの国土に残った。

おろく：で、墨子さんはおろか、孔孟の教えも吹っ飛んでしまった、というわけですか。とてもわかりやすいお話ですけれど、わかりやすすぎると、それでおしまい？　という気になりますね。

隠居：さて、そこでじゃ、少しおろくには理解困難な、されどいちばんの肝どころを説くことになると……話は『神皇正統記《じんのうしょうとうき》』にさかのぼる。

おろく：エッ、何ですか？　ジンノウ……って。

隠居：遠くは南北朝時代の、南朝の忠臣のひとり北畠親房《ちかふさ》が戦乱の渦中において必死の想いで書いた歴史書だな。われ中学生なりしころ教わって、いまでも忘れえぬ書きだしの一行がある。「大日本は神国なり」とね。じつはナ、これは南朝の正統性を主張するだけの史書ときめていままで考えてきたが、最近熟読してみて、あながちそんな単純明快なものではないとわかった。親房は戦いつつ、南北の王朝いずれが正統なるか、この大問題について苦悩しながら思考に思考を重ねて、面白い結論に達するのだな。すなわち、神武天皇に発する日本の皇統は、決して天壌無窮・万古不易なものではない、と恐るべきことをいってのけたのだよ。不正義・不徳の天皇が出現したら、それに代って、おのれの欲を捨てて万民のためになる「正道」をきちんと歩む別の天皇が即位し、新たな皇統がはじまる。それが歴史の本筋というもの、というわけだな。

おろく：それ、墨子さんが主張したこととかなり同じじゃないですか。不義の皇帝には鬼神の罰が下る、と。

隠居：そう、たしかに墨子は帝王や諸侯の世襲はもちろん、正道を行わないものがその地位にとどまることは、〝天の欲せざるところなり〟とした。で、『神皇正統記』はその流れをくむのかと思えるのであるが、いちばん肝腎要のところがまったく違った。親房が心をこめてここが大事なんだと語るのは、残念、墨子のいう天ではない。天皇に徳がない時は、「天照大神《あまてらすおおみかみ》の御計らい」によって皇統が廃され、別の「正統」の天皇が即位する。天にあらず、でてくるのは伊勢の天照大神じゃ。
おろく：オヤオヤ、それじゃ、墨子さんとはまったく関係ないことになりますね。
隠居：そうなんだな。墨子ではなくて、あえていえば『孟子』の説くところに依拠して、日本古来からの「神国思想」を見事に生かした、といったほうがいいか。
おろく：それにしても南北朝じゃ話がはるかに遠すぎて、戦後の日本人とのつながりがよく見えてきませんが……。私、頭が悪いのかしら。
隠居：まあ待て。急《せ》いては事を仕損ずる、というではないか。といいながら急いで、たちまち昭和日本へと話をすっ飛ばすぞ。なぜなら、『神皇正統記』の正確な読みと無関係に、この史書の「大日本は神国なり」の神国思想だけが昭和日本の根本理念と相なった。そこに問題があるんじゃ。もちろん、途中に本居宣長、吉田松陰、水戸光圀の『大日本史』などなど、神国をめぐっての百家争鳴があるが略す。ゆっくりやっているほど、爺《じじ》いはヒマ人に非《あら》ず、だ。それで戦前の昭和が主題となるわけだな。
おろく：アラ、そういえば、センセイは、今年は何歳になりますか。

隠居：おん年、八十じゃよ。……そんなことはどうでもよろしい。よく聞けよ……。

万世一系と八紘一宇

せっかくの楽しい対話ながら以下中断する。わたくしがおろくを相手に、墨子とは無関係ながら、長々と語ったことのあらましを書く。神国思想についてである。

昭和十二年（一九三七）五月に『国体の本義』という書物が出版された。文部省編とあるだけで、著者名はなし、という妙な本で、その冒頭にこうある。

「大日本帝国は、万世一系の天皇皇祖の神勅を奉じて永遠にこれを統治し給ふ」

これを要するに、天照大神の神勅を奉じて、万世一系の天皇が永遠にこの日本国を統治することにきまっている、というのである。それがわが国体（国柄）の本義なり。つまり日本は〝皇国〟である。裏返せば、天照大神の神勅にもとづけば、ほかのものが天下統治など考えてはならん、ということになる。

さらに昭和十五年（一九四〇）の八月一日、第二次近衛文麿内閣のときに「基本国策要綱」という根本の政策理念が発表される。

「皇国の国是は［大日本帝国の方針は］八紘を一宇とする肇国《ちょうこく》の大精神に基き世界平和の

確立を招来することをもつて根本とし、まず皇国を核心とし［中心として］、日満支の強固なる結合を根幹とする大東亜の新秩序を建設するにあり。これがため、皇国自ら速《すみやか》に新事態に即応する不抜の国家態勢を確立し、国家の総力を挙げて右国是の具現に邁進す」

いまどきの人には、およそ珍紛漢紛《ちんぷんかんぷん》の言葉の羅列で理解の域を超えていよう。これがわれらロートルにはよくわかったのであるから、世は変れば変るものである。

「八紘を一宇とする肇国の大精神」とは、そもそもの原典が『日本書紀』にある。初代天皇である神武天皇が橿原《かしはら》の地に初の都をひらいたことを語っているところにでてくる。

「上は則ち乾霊《あまつかみ》の国を授けたまふ徳に答へ、下《しも》は則ち皇孫、正に養ふの心をひろめむ。然《しこ》うして後に、六合《くにのうち》をかねて都を開き、八紘《あめのした》を掩《おお》ひて宇《いえ》と為さむこと、また可《よ》からずや」

天皇たる者は天の神様（天照大神）から国を授けてもらったその徳に十分に答え、下の者たちは誤たずその皇孫をしっかりと養う心を広める。そうして、八紘は四方と四隅、つまり世界ということで、一宇は一つの家、世界を一つの国とするの意で、そのいちばんの家長は、わが日本国である。すなわち、わが大日本帝国は、国を興したときからそういう世界統一の使命をもってできあがった国である、と近衛内閣の「基本国策要綱」は謳いあげているのである。

いまから考えれば、戦前昭和史における日本の大国主義という考え方は、なるほど、そもそもが神話の時代からあった、ということになろう。

同じ十五年九月、日独伊三国同盟が締結された。昭和史のいちばん阿呆な政策決定で、これが対米英戦争のノー・リターン・ポイントを越えたときとわたくしは考えているが、その九月二十七日に同盟締結を祝って詔書がだされている。そこに、

「大義を八紘に宣揚し、坤輿《こんよ》を一宇たらしむるは、実に皇祖皇宗の大訓にして、朕《ちん》が夙《しゅく》夜《や》、眷々《けんけん》措《お》かざる所なり……」

とある。昭和天皇もまた、八紘一宇をしょっ中念頭においていた。いわんや、日本国民においてをや。肇国の大精神たる八紘一宇に基づき、大東亜の新秩序を建設するんだと、大人たちはほとんどがそう信じていた。われら悪ガキですら、日本人はすばらしい民族なんだと思いこんでいた。八紘一宇はわが国の大使命と考えていた。そう信じないで、どうしてこんな誇大妄想的な、蜃気楼みたいな大思想についていけるものか。そしてそのための戦争は〝聖なる戦い〟と考えられていた。

と、ここで主題の「天」に話を変える。つまり、ここまでの大雑把な話をちょっと丁寧に読んでもらえばわかるように、東亜新秩序の建設という日本の大使命は、「天」によっ

てではなく、「万世一系の国体」によって基礎づけられているのである。とそう信じたところに、戦前日本人の問題があったという点に注目してほしいのである。日本の祖先神である天照大神の意をうけて、「八紘を一つの宇《いえ》となす」、すなわち日本の世界君臨が戦前の皇国日本の大理想であったのである。

そして、そこにこそ日本民族の世界に冠たる特異性がある、とその昔には誇ったのである。そしてこの神話的な神国思想をガンガンとウルトラ化していった。そこには天や天命という考え方の入りこむ余地はなかった。いや、逆か。われらの行為をジッと見つめている天や天命というもっと大きな観念が根づかなかったゆえに、ウルトラ神国思想が育成された、というほうが正確か。

それでも、戦前の教育方針もあって、『論語』や『孟子』が中学生時代にいくらかは教えこまれた。で、ムニャムニャな存在としての天や天命を、まったく無視するわけではなかったが、所詮はつけ焼刃で、日本民族の精神の底にまで達することはなかったのである。

そうであるから、アホーな大理想の結果として、美わしき国土は焼野原と化し、ナニが東亜新秩序だ、ナニが万世一系だ、ナニが八紘一宇だと相成って、すべてが夢まぼろしの如くなり。〽『論語』『孟子』をよくよくみたが、酒を呑むなと書いてない、ヨイヨイ、デカンショ……で、天も天命もゴミ屑、いや、雲散霧消。戦後日本人はもはや恐れるものが何《なん》にもなくなってしまった。

――で、ここでふたたびおろくとの対話へ。

隠居：という次第だ。これで戦後日本人に天の意識がなくなった理由が了解できたかな。

おろく：よくわからなかったけど、せっかくだから、わかったことにします。ついては、墨子さんに関してもう一つ、質問があるんです。天や鬼神の存在をたしかなものと信じるとしますとネ、人間は運命論や宿命論に支配されるようになるんじゃないですか。だって、天と鬼神とはかならず義を賞し暴を罰するというゼッタイ的な力をもつ、とすれば、一人ひとりの人間の宿命をも掌握していることになるんじゃないですか。どうなんですか？

隠居：さすが、わが門下の俊秀よ。いいところをついてきた。ところが、墨子はその運命論・宿命論を真っ向から否定したんじゃよ。墨子を読むことの楽しいところの一つは、まさにそこよ。

運命論は天下の大害である

いやはや、ずいぶんと脱線してきたが、これでやっと墨子に戻れる。いくら酒席でのオダ同然のものとお断りしてあるものの、われながらハラハラしていた。まずは、よかった、と思う。

たしかに、さきにふれた『竜馬がゆく』の司馬さんの言葉ではないが「天に意思がある」としてしまったのでは、天や鬼神がこれが窮極の規準となり、人間はそれに支配される、つまり人間の運不運などすべては運命、宿命のなせることということになろう。されど、墨子の墨子たる所以《ゆえん》は、そうした考え方を断々乎として拒絶したところにあった。

『墨子』「非命」篇〔上〕〔中〕〔下〕では、そのことがくり返し論ぜられている。

「命（運命論・宿命論）は、上は天に利ならず、中は鬼に利ならず、下は人に利ならず、而《しか》も強《し》いてこれを執《と》るとは、此《こ》れ特《ただ》に凶言のよりて生ずるところにして、人を暴《そこな》うの道なり」

運命論・宿命論なんてものは国家のため社会のため人のために百害あって一利なし、と墨子はいいきっている。そんなものに捉われてしまってはロクなことにはならない。吾人すべからくそんな考えを捨て去って、最高最善の努力をすべし、それが大事なんだ、というのである。

もう一つ。

「今の天下の士君子、まことに天下の富まんことを欲して、その貧しきを悪《にく》み、天下の治まらんことを欲して、その乱るるを悪まば、有命をとる者の言は、非とせざるべからず。これ天下の大害なりと」

またしても我流の訳でいけば、

「いま天下の為政者たちが、本気になって世の中が富むことを願い、人民が貧困に苦しむことを憎み、また世が天下泰平であることを願い、乱れることを憎むのであれば、運命論者どもの主張は非としなければいかん。まさに運命論・宿命論は天下の大害である」

墨子の颯爽の言である。何事であれ人まかせはいけない、あるいは失敗するようなことがあったとき、理由を他人のせいにするのはいけない、すべておのれの責任と心得て奮闘努力せよ、そう墨子はいうのである。しかも天意にぴったりと添うような義にもとづくことを。

くり返したくなるが、墨子の思想の根底にあるのは、「天」の前にいっさいの人間は平等であり、王侯と百姓と、強者と弱者と、富者と貧者との別はない、とみるところにある。運命論・宿命論の全面的否定はここに発する。

中国文学者でもある作家駒田信二さんの説くところを引用する。

「(墨子は)国家の治乱安危から個人の貴賤貧富、吉凶禍福に至るまで、すべて人々自らが作るものであって、宿命などというものは存在しない。努力如何が、人の吉凶禍福を決定する。ゆえに人は善を積み悪を却《しりぞ》けてそれぞれの本務をつくすべきであるという」

これを『墨子』の言葉をもってすれば、

「命なるもの〔運命とか宿命という考え方〕は暴王の作る所、窮人の述ぶる所にして、仁者の言に非ず。今の仁義を為す者、将《まさ》に察して強《つと》めて非とせざるべからざるものは此《こ》れなり」(「非命」篇〔下〕)

ということになる。人間の運命なるものは、階級や門閥や財産で決まるものではない。天下の治乱は政治家や官僚たちの判断・決断により、人の幸不幸は当人の努力次第なり。貧乏だからみじめなのではない、貧しさからぬけだそうとせず、努力をしないからみじめなのだ……。それが墨子の思想なのである。運命論・宿命論は、怠けもののいい訳にすぎない、と墨子はいうのである。

中国古代の聖王といえば禹《う》・湯《とう》・文《ぶん》・武《ぶ》であり、暴王とくれば桀《けつ》・紂《ちゅう》と相場がきまっている。なぜ桀と紂とがどうにもならない国家としてしまったのか。それは一言でいって、運命論を押しつけたからである、と墨子は一刀両断する。しかし、桀が乱した国を湯王《とうおう》が見事に治め、紂が乱した国を武王がたちまちに治めた。しかもそれぞれにたいした年数を要せず、また人民もまったく変っていない。なのになぜ、湯王と武王はそれをあざやかにやってのけることができたのか。

墨子はその理由を明解に説いてみせる。

「孝子をとりたて親に事《つか》えることを勧め、賢良を尊んで善事を行うことを勧めた。また憲や令を発令して人々を教え、賞罰をはっきりさせることで悪事の起こるのを防いだ。こうして乱暴者もなくなり、さまざまな危難も安んずることができたのである」(「非命」篇〔下〕)

そして強く主張するのである。

「安危治乱は、上のものの努力によるのであって、どうして運命といえようか」

大いに奮闘努力すべし

墨子と同時代の儒家の代表者ともいえる公孟子《こうもうし》という男との問答が「公孟」篇にある。これがすこぶる面白い。公孟子がこんなくだらない質問をするのである。

「昔は聖王の列するや、上聖は立ちて天子となり、その次は立ちて卿大夫《けいたいふ》となる。今、孔子、読書に博く、礼楽に察《あき》らかに、万物に詳《くわ》し。もし孔子をして、聖王に当らしめば、あに孔子をもって天子となさざらんや」

墨子はクククと腹で笑って、こう答える。原文だとわかりづらいので、以下はわたくし流にガーンとくだいて問答を展開することとする。

「ナヌ、孔子どのが天子になって当然だと。面白いことをおっしゃるな。いいかな、まことの智者というものは、天を尊び、鬼神を祀り、人間を愛し、節約に気をつける。この四条件をきちんと守りぬくことだ。なのに、キミは、孔子どのが『詩経』や『書経』などの古典にくわしく、礼儀や音楽に明るく、万事に通じている。だから、古《いにしえ》の聖王の時代であったなら、天子になれたんじゃないかという。フフフ、智識があって礼儀正しく、音楽にくわしい、それが何になるのかね。天子になれる？　そんなのは贔屓《ひいき》の引き倒し、手前勝手なソロバン勘定というものだて」

公孟子は思わず色をなして、この野郎とばかり詰めよっていう。

「君子たるものは、古の聖賢の道を学びさえすればいいのであって、その結果は問わないものだ。すなわち、うんと学問をした結果、世に重用される。そして金持ちにもなる。それもよし。いや、世に用いられずに貧しい人生を送ろうとも恨みになんか思わない。それが君子であり智者というもの。要するにだな、貴賤貧富あるいは寿命、そういったものは、天命であって人力をもってはいかんともすべからざるものである。墨子よ、オヌシはそうは思わんか」

墨子はカラカラと笑って答える。

「なるほど、昔の書物を学ぶことはまことに尊いことである。しかし、大いに学べと人に教えながら、すべては天命であるというようなことをいうならば、(孔子どの以下の儒家はそういうが)人は決して努力しないであろうよ。違うんだな。富貴貧賤は努力如何によるものなんだ。いいかネ、冠《かんむり》をかぶるために髪を包まねばならないが、お前さんのいうことは、髪を包ましておいて肝腎の冠を与えないのと同じだよ」

最後のところだけ、原文を引く。

「子孟子曰く、貧富寿夭《よう》は錯然として天に在り、損益すべからず。又曰く、君子は必ず学ぶと。子墨子曰く、人に学ぶことを教え、而も有命を執るは、是《こ》れなお人に葆《ほう》を命じて而もその冠を去るがごとしと」

じつをいうと、この、人間たるもの大いに奮闘努力せよ、と墨子の説くところがわたくしのもっとも好むところで、日、すでに西山に傾く老骨ながら、若い衆に負けてたまるかと、いまなお踏ん張っている。

世には体裁だけつけて働くふりをする輩《やから》が山ほどもいる。勉強もロクにせずに、そのくせ利口そうなことをいう。情報化時代とやらは、おしゃべりの上手なヤツの天下といえる。ありあまる情報で、われわれは何でも知っているような気分にさせられる。しかし、よくよく考えると何一つわかっていない。情報化時代とは、思考停止の時代であり、奮闘努力したくなくなる時代であり、真に「知る」ことの本質から限りなく遠ざかる時代であるようである。

墨子のある弟子がしみじみといっている。「子墨子につかえること三年、手足胼胝《へんてい》、面目黎黒《れいこく》、身を役して便に給し、あえて欲を問わず」と。とにかく有言実行、モッコをかつぎシャベルをとり、はげしい土木作業に身を挺した。このため手足にはタコができ、顔面は日焼けして真ッ黒け、それでも黙々として働きつづけ、欲なんかちっとも起こすことはなかった（「備梯」篇）。

そりゃ、時には……そう、柴又のフーテンの寅さんが歌うように、

〽奮闘努力の甲斐もなく……

なんてこともあるが、めげてたまるもんか、である。読者よ、すべからく奮闘努力せよ。

第五話　「君子は鐘の如し」について

米内光政大将の「魔性の歴史」

またまた話は戻るけれど、運命論・宿命論といえば、昭和史探偵としてはどうしても一言したくなる言葉がある。友人にあてた海軍大将米内光政《よないみつまさ》の手紙である。昭和十五年（一九四〇）八月三十日付のもの。といえば、みずからが率いた内閣が、たいして理由もないのに陸軍大臣辞表提出という陸軍の強引な策謀によって、総辞職を余儀なくせざるをえなくなったのが七月十六日であったから、野に下ってまだホヤホヤの心境を吐露したものならん。長文のものゆえ大かたを省略して、肝どころを。

「総じて日本人の特性は躁急ではあるが、しかし実行には惰性多くして方向を転換するに容易でないと思うが如何。かくの如き観念から現代の体制を客観すると、魔性の歴史は人々の脳裏に蜃気楼を現《あらわ》し、またその部分を切離して、種々様々にこれを排列し、また自らは姿をくらましておいて、所謂《いわゆる》時代政治屋を操《あやつ》り、一寸《ちょっと》思案してはこの人形政治屋に狂態の踊《おどり》を踊らせる。踊らされる者共は、こんな踊こそ自分等の目的を達成することの出来る見事にして且《か》つ荘重なものであると思い込んでしまう。斯《か》くして魔性の歴史というものは人々を歩一歩と思いもよらぬ断崖に追詰むるのである」

長い引用となったが、注目したいのは第三話でもちょっとふれた「魔性の歴史」という米内大将の言葉である。昭和動乱を米内さんは「魔性」が支配した歴史ととらえている。指導者であろうと一般民衆であろうと、頭にわけのわからぬ幻想を描いて、何ものかに憑《つ》かれたように踊らされてしまう。しかもいったん踊りはじめると、踊りを踊ることが最高にすばらしいことをやっているかのように思い、それが錯覚なりと気づくことなしにぐんぐんと奈落への道を転げ落ちていく、それがわれわれがいま生きている昭和である、魔性の歴史というものである、と米内さんはいうのである。とどのつまりは、それが昭和日本人の運命であった、ということになる。

米内大将はつづける。

「然し荒れ狂う海が平穏におさまる時のように、現実の場面から醒めて来ると、どんな者共でも、彼等の狂踊《きょうよう》の場面で展開されたことは、まるっきり似もしない別物であることに気付き、ハテ、コンナ積もりではなかったと、驚異の目を見張るようになって来るだろうと思う」

念のためにくり返すが、この手紙は昭和十五年夏に記されたもの。日本人がひとしくハッと目が覚めて「ハテ、コンナ積もりではなかった」と、フィクションの時代を生きてきたことを痛感する昭和二十年八月までには、つまり五年もかかったのである。きっといずれの日にか幻想から醒めるときがくるであろうとの米内さんの予言は当たってはいたが、夜明けがくるまでにあまりにも非情・悲惨の時間がかかりすぎた。そのかんに三百万以上の死者をだし、日本列島の各都市はほとんどが焦土となった。正気にかえるまでに犠牲はあまりにも大きすぎたのである。

　所詮は愚者のたわ言になるかと思うが、これほど先見の明があったのであるから、米内大将にはこのとき、単なる批評家になることなく、墨子が説くように平和維持のために奮闘努力してもらいたかったとしみじみ思う。岩手県盛岡生まれの東北人は億劫《おっくう》がりの人が多いから、なんて理由は通用しない。手紙が予言に満ちたすばらしいものであるだけに、米内さんが先頭に立って対米英非戦派の（さらには避戦派まで含め）同志をつのって狂乱の踊りをやめさせるように動いたならば、という「歴史にもしもはない」という禁じ手も承知で、愚痴のひとつもこぼしたくなってしまう。

　しかし、現実の米内さんは倒閣されて気もセイセイしたかのように、歴史の外側にさっさと退いて隠遁者みたいになってしまう。万事を諦めてしまう。そこで、いやはや日本の開明派といわれる人たちはだれもかれもが、とこっちは大きな溜息をつくのみとなる。

それというのも、戦前の日本の知識人の教養には、儒家の教えのみがあって、墨家のことなんか耳のクソすらなかったためならん、といささか強引であろうと結論づけたくなる。戦争中は中学生なりしわれら昭和一ケタ生まれも、学校でたしかに「朝《あした》に道を聞かば夕《ゆうべ》に死すとも可なり」と『論語』は熱心に仕込まれたが、墨子のボの字もなかった。どちらかといえば運命論・宿命論に立つ儒家と、そんなのは怠け者の言い訳だと敢然と否定する墨家とでは、その及ぼすところの影響力はムチャクチャに違う。

太平洋戦争への道を一途に突き進んだのは、所詮、大日本帝国の運命であるとみんなが考えた。いや、いまもそう思う人々が山ほどもいる。米内さんのいう「魔性の歴史」は、司馬遼太郎氏にいわせれば「鬼胎が生んだ異常の時代」ということになる。墨家の徒たるわたくしはそうは思わない。選択を誤たなければ、国家を亡ぼさずにすんだのである。さらには、その時その時にきちんと戦争の芽をつぶすための奮闘努力する人びとがいなかったから、あらぬ方向そしてさらに破滅の方向へと国家運営の舵がきられていったのである。

いまの組織においてもさもありなん。追従や諦念に縛られず、選択を誤らぬように冷静になり、いのち懸けで頑張る人がいなければ、組織は衰退する。あとになって悔いたり、あるいは「あれは運命であったな」なんてほざくよりも、とにかく、いま、奮闘努力せよである。人事を尽くして天命をまつ。この場合の天命とは運命とは違うことは、すでにゴチャゴチャと論じたとおりである。

ふたたび、前話のラストの一行、「読者よ、すべからく奮闘努力せよ」とくり返すばかりなり。

「述べて作らず」に反対

中学時代に漢文の教師がきわめて熱をこめて説いた『論語』の言葉で、いまも記憶からこぼれ落ちないものの一つに、

「子曰く、述《の》べて作らず、信じて古《いにしえ》を好む」

というのがあった。「述而」篇にある。

「いいか、述とは祖述、作とは創作、すなわち述べて作らずっちゅうのは、歴史であれ文化であれ伝統をば大切にナ、継承することを旨としてじゃな、いまどきの解釈による、勝手気儘の作為を加えたりせぬ、っちゅう孔子さまの教えなんであるな」

と、教師がアゴ髭をしごきながらボソボソと語っていたことを、いまもはっきりと覚えている。

「述べて作らず」とは、真意は教師の説くとおりであろうが、いまになると、戦時下の日本の知識人はこれを誤読していたとしか考えられない。もちろん、魔性の流れに寄り添って「一億総特攻」の旗を振った連中は論外であるが、そんなアホーな仲間に入らぬ知識人も、ほとんどすべてが批評はすれど行動はせずの「高みの見物」に終始した。有言不実行、まさに孔子のいう〝述べて作らず〟であった。社会に背を向けているのを知識人のありようと心得ているかのように。いや、いまの知識人だって似たようなもの……。

『墨子』「耕柱《こうちゅう》」篇に、公孟子が「君子は作らないで、述べるのみ」というと、墨子が「然らず」と即座に否定する面白い問答がある。公孟子とは、第四話にも登場した墨子と同時代の儒家のエース、というより、墨子の儒教批判のためにはまことに格好の論敵、それもちょっと頭の悪い、おっちょこちょいのと形容詞をつけたくなる人物である。

この公孟子のいわば孔子の口移しの説にたいする墨子の反論は、原文のままよりも、例のごとくわが流儀のままに拡大解釈する。そのほうがわかりやすかろう。墨子は力説する。

「そりゃもうまったくの非君子（つまり半可通のエセ知識人）ならば、むかしの聖賢の説を正しく伝えることもできまいし、ましてや新しい説をあみだすことなんかできぬ。つまり『述べる』こともままならぬ。が、非君子のなかでもいくらかマシなものとなると、むかしの聖賢の説を正しく伝えようともせず、おのれの論つまり曲説のみをつくりだそうとするであろう。しかも、こんな連中にかぎってその誤った自説にやたらと固執するものなんだな」

なにやら、かく書いているわたくしが、墨子先生に「お前もそんな半可通の連中の一人かもしれんな。勝手に妄説を述べるなよ」とやられているような妙チクリンな気分になる。

「公孟子よ、お前さんのいうように、述べて作らずで、むかしの聖賢の説を学んで伝えるだけで、時代に合った新しい説をつくりださないとすれば、それは結局、珍説・曲説をつくりだそうとするだけで、むかしの聖賢の説を正しく伝えようとしないことの裏返しにすぎないぞ。

小生はそうではなく、むかしの聖賢の説を正確に伝えることはもちろん、さらに世のためになる新しい説をつくりだすべきだと考える。よいことは、いくらあっても多すぎることはない」

いちばんお終いのところは原文では「欲善之益多也」（善のますます多からんことを欲する

なり）となっている。

これを要するに、墨子が力説せんとしているのは、最低が「述べず作らず」であり、それより少しマシなのが「述べて作らず」と「作りて述べず」である。そうではなく最高なのは「述べて作る」ことなんだと、そういうことになる。人間はただくり返すのみの鸚鵡《オウム》や真似の上手な猿であってはならぬ、正しいことを学んで、さらに奮闘努力してみずからの爪跡を地球にわずかでもいいから残せ。墨子はそういいつづけるのである。流行の人物をもちだしていえば、奮闘努力の人・坂本龍馬になれ、といっているのである。

ただし、とここでわたくしはつけ加えておきたい。いくら立ち止まらずに行動せよといっても、闇雲にすっ飛んでいくのではかえって邪魔になりマイナス作用をもたらす。そこはどうしても「正確な判断」と「熟慮」と「見透し」が必要で、それが欠けては批判精神もくそもあったものではない。そのためにはやっぱり大いなる勉学が大事。いいかえれば、龍馬における勝海舟の存在が大事というわけである。

されど戦前・戦中の知識人のごとく勉学のみで「高みの見物」では、たしかに「正確な判断」を自分のものとすることができたであろうが、それは世の中のためには塵芥《ちりあくた》ほどの役にも立たない。ここがむつかしいところである。ではあるけれど、これからの日本がいつまでも平和で穏やかな国であるためにも、有言実行、墨子のいうように「述べて作る」ことこそが肝要であることは、いくらくどく説いても説きすぎることはない。

君子は鐘のごとし

公孟子がでてきたところでもう一話、「公孟」篇にある墨子と公孟子の問答が面白いのでつづける。こんどもまた拡大解釈で、しかも少々ドラマ仕立てで。

公孟子：万事ひかえめに、問われなければ沈黙を守り、問われたときにはじめて答える人物、これが君子（知識人）というものです。君子はいうなれば鐘のようなものです。叩けば鳴り、叩かなければ鳴らないのでありますな。

墨子：フムフム、しかし、そのことについては、三つの場合を考える必要があるな。お前さんのいうのは、そのなかの一つの場合にすぎんよ。しかもいわんとしている意味がまことに不鮮明であるしな。

（と、墨子は反駁して、その一つの場合をくわしく述べる。すなわちどうにもならぬヤツが上に立ち、暴逆非道の政治や会社経営が行われている場合は、真一文字の諫言や意見具申はかえって身の破滅となる。クビになる恐れが十分にある。そんときは沈黙を守るほかはない。叩かれなければ鳴らないと

いうのは、こういうやむを得ざる場合のみにあてはまる）

しかし、上に立つものの失政により、国が内乱や戦争の危機に直面した場合には、何があろうとも君子はすすんで諫言しなけりゃいかんぞな。その諫言が真剣になされプラスになるとわかれば、上に立つものはかならず聞き入れるであろうから、この場合は、君子は叩かれなくとも鳴る必要がある。

公孟子：ムムムム……。

墨子：さらには、にもかかわらず上に立つものが「義」に反した作戦計画を採用し、無謀な戦争をおっぱじめる場合もある。

（会社なんかでも、バカな経営陣が道にはずれた計画あるいはムリな計画で金もうけに走ったりする場合がある。それを墨子は指している。国家の場合にはそれが侵略戦争という許されざる大事となり、世界中の批判をあびる。満州事変から日中戦争へと大日本帝国の歩んだ道はそれに近かった。それを戦争指導者は〝聖戦〟とカモフラージュしたが……）

公孟子：それで、そんなときにはどうする……？

墨子：不義の戦争は、攻める国にも攻められる国にも、ちょっぴりの利益ももたらさない

［原文は「所攻者不利、而攻者亦不利、是両不利也」である］。この場合には、君子は叩かれなく

とも大いに鳴りまくる必要があるのである。

公孟子：（ア然とするばかり）

墨子：（笑いながら）それにお前さんは君子を鐘にたとえて、「叩けば鳴り、叩かなければ鳴らない」のが君子のとるべき態度だといったが、当のお前さん自身はどうかな？　小生が尋ねもしないのに話をもちだしたではないか。それはつまり、叩かれないのに鳴ったことだよ。で、お前さんの論法にしたがえば、お前さんは君子ではない。

公孟子：（ギャフンとなって）……。

この問答は、儒家が「沈黙は美徳」と積極的に主張することにたいして、墨子が断固として異を唱えたもの。儒とは柔であり順であり、万事目立たぬように待つという意味なりということらしいが、行動主義・奮闘努力の人である墨子は、なにが美徳であるものかと一蹴する。そして危機の場合には積極的に君主に意見をいうべきであるということを内容とする「非攻」篇に、この議論はそのまま つながっていくのである。墨子をいちばん墨子たらしめている非攻論すなわち非戦論の思想に行き当たったが急ぐことはない。それは次話で。いまここでは「乞うご期待」と書くのみとする。

そしてここでは、わたくしが気に入っている「公孟」篇にでてくる奮闘努力の人・墨子らしい言葉を、もうひとつ追加して紹介しておこう。墨子に弟子入りした若ものがさっぱり奮闘努力して義の何たるかを学ぼうとしないで、のんびりしている。墨子が「キミはどうして義を学ぼうとしないのか」と詰問すると、若ものは「わが一族にはかつて学ぼうとしたものがひとりもおりませんので」とアッケラカンとしていう。これにたいして墨子が懇々と諭《さと》すのである。

「人が美しいものを好むのは、一族に美しいものを好むものがいるから自分もそれを好む、というのではあるまい。人が富貴を願うのは、一族に富貴を望むものがいるから自分もそれを望む、というのであるまいよ。美を好み富貴を望むのは、他人とは関係なくそれを得ようと思うのが人間というもの。いいかね、そもそも義は天下でもっとも尊重すべきものである。人様がどうのこうのということと無関係だ。他人を見習う必要がどこにある。みずから奮闘努力して義を学び行わねばならない」

然り、奮闘努力は人間たるものの本分、人様と関係なく自分で行うべきなのである。

さて、とまたまた脱線するのであるが、以下に何を語らんとするや、慧眼《けいがん》の読者は素早く察するであろう。坂本龍馬のまたしてもの登場である。

釣鐘のうなる許りに野分かな

元治元年（一八六四）八月中旬、土佐藩の脱藩浪人の坂本龍馬は勝海舟の添え状をもって、薩摩藩の重鎮となりつつあった西郷隆盛に会いにいった。二人は初対面である。龍馬が帰ってきて西郷の印象を語ったくだりが、海舟の『氷川清話《ひかわせいわ》』という本に残されている。昨今は龍馬ブームもあってかなり有名になりつつある。

「なるほど西郷というやつは、わからぬやつだ。少しくたたけば少しく響き、大きくたたけば大きく響く。もしばかなら大きなばかで、利口なら大きな利口だろう」

ここで目を引かれるのは、「少しくたたけば少しく響き、大きくたたけば大きく響く」という龍馬の絶妙なる人物評価の譬《たと》えである。海舟も「坂本もなかなか鑑識のあるやつだよ」とほめている。が、これを目にするたびに、わたくしには墨子と公孟子のさっきの問答が想いだされるのである。君子は鐘の如し、叩けば鳴り叩かざれば鳴らず。この命題を龍馬はじつにうまくいいかえて人物月旦《げったん》に使っておるわいという賞讃、というよりいくらかの疑心暗鬼まじりの感服である。

もしかしたら龍馬は『墨子』を読んでいたのであろうか。さらには龍馬の東奔西走の行動力の源泉は『墨子』の「奮闘努力のすすめ」にあるのではあるまいか、なんてさっそく一席弁じたくなる。いやいや、そんなことは金輪際ない話なのである。なぜなら龍馬がおよそ本を読まない男であることは史実をさぐれば一目瞭然である。漢籍の素養はこれっぽっちもない。であるからその手紙は当時の人間離れした、四角四面の畏《かしこ》まったものではない、現代風の、破天荒の面白さがあるのではあるが。

とすると、この秀逸の譬え話は、定評のあるホラ吹き名人の海舟の創作かしら。もっと大袈裟《げさ》に推理をひろげれば、海舟がやってのけた大事業たる江戸無血開城も、すでにふれたように、『墨子』の非戦論の哲学をそのまま実行に移したものであった、と断言したくなってくる。

海舟は山岡鉄太郎に託して駿府の総督府にいた西郷に送った手紙に、墨子のいう「所攻者不利、而攻者亦不利、是両不利也」とほぼ似たような主旨の文句を書きつらねている。

「（われらが恭順の礼を守るのは）皇国当今の形勢、昔時《せきじ》に異なり、兄弟牆《かき》にせめげども、外その侮《あなどり》を防ぐの時なるを知ればなり」

つまり戦うことは敵も味方もない、国家全体にとって大損になるゆえなり……。

と書いたところで、夏目漱石の句が突如として想起されてきた。

　　釣鐘のうなる許《ばか》りに野分かな

さしたる名句とは思えないが、『墨子』にある「君子は鐘の如し」に関連してどうしても一席弁じたくなる句であることには間違いない。

つくられた日時もはっきりしている。明治三十九年（一九〇六）十月二十四日。漱石は大学の英語の先生と、俄然有名になったばかりの小説家という二足の草鞋《わらじ》をはいているときである。ただし、その心はもう教師なんて沢山だ、オレは小説家として生きていきたいという想いのほうに、ぐっと傾いていた。この直前に書かれた漱石の書簡をみればそれは明らかになる。

「百年の後、百の博士は土と化し、千の教授は泥と変ずべし。余《よ》は吾《わが》文をもって百代の後に伝えんと欲するの野心家なり」（十月二十二日付、森田草平あて）

「僕は打死をする覚悟である。打死をしても自分が天分を尽くして死んだという慰藉《いしゃ》があればそれで結構である」（同二十三日付、狩野亨吉あて）

しかし、官費によるイギリス留学満二カ年の倍の年限、すなわち四カ年は教師をつとめなければならないという文部省がきめた義務年限が、がっちり大手をひろげていた。漱石がロンドンから帰国後に教師になったのが明治三十六年春、それから満四年の四十年春までは何があっても教師を勧めなければいけない。

思うようにならない世のシキタリ、浮世の風は冷たいのである。我慢に我慢を重ねて、左様、まさに「うなる許りに」漱石先生のヤル気はなっていたのである。ええいッ、オレはオレのやらねばならぬことを何があろうとやるぞ、とぶん投げる直前にまでいっていた。うなりだしそうになっている、その烈しいおのれの心を野分に吹きさらされている釣鐘に託したのである。

まこと、「君子は鐘の如し」であることよ。

この話を酒席で得々としてやったら、世には碩学《せきがく》がいるもので、聞いていたその人は、なんと、ドイツの詩人にして劇作家のベルトルト・ブレヒトのお芝居『セチュアンの善人』のなかにだって、この「君子は鐘の如し」がでてくるよと教えてくれた。

「むかしの人はいいました。君子はそれ鐘のごとしか。打てばひびきて、打たざれば、それひびかない」

ヘェーと心底からびっくりしたが、ブレヒトが『墨子』を読んでいるなら、海舟だって、と思った。が、いくら何でもこれはムリか。しかも、ナニさッ、龍馬さんが無智だなんて、龍馬さんにケチをつけるなんて許さないわよ、という多数の龍馬ファンの歴女の叫声が、いやでも聞こえてきた。ここはやっぱり龍馬の見事な人間鑑識を勝っつあんと一緒になって、大いにほめておくか。

実利のともなった墨子の「義」

墨家が信条とする奮闘努力「有言実行」をそのまま実行して、颯爽と幕末を駆け抜けた龍馬をほめたついでに、墨子が「耕柱」篇でこの有言実行について語っている言葉を紹介しておく。まるで龍馬がいいそうな言葉でもある。

「子墨子曰く、言の以て履行するに足る者はこれを常にし、以て挙行するに足らざる者は常にするなかれ。以て挙行するに足らずしてこれを常にするは、これ蕩口《とうこう》なりと」

〈実行できることを口にせよ。実行できないことを口にするな。実行できもしないことを口にするのは、いたずらに口を疲れさせるだけである〉

当たり前といえば当たり前の「有言実行」論であるが、墨子があえて弟子たちにこんな横丁の隠居めいたことをいったのには、古代中国には発表するに価《あたい》しない言説がまかり通っていたからである。とにかくどこかに小さな戦争が起きていて、それが何かのきっかけで大戦争へと暴発するかもしれない世である。百鬼夜行の、怪しげな連中の言説が影響力をもっていても不思議はない。情けないことに、いまの日本にも史実などそっちのけの、勇ましいだけの、評すべくもないいかさまの言説が横行している。困ったことに、それが大そうモテている。

そんな愚痴はともかくとして、注意しなければいけないのは、墨子はただ闇雲に奮闘努力すればいいといっているのではないということ。墨子のいう具体的実践のすすめには、裏づけとなるしっかりとした哲学がある。人を奮闘努力させるための、明確この上ない思想があったのである。

それが「義」というものなのである。

「貴義《きぎ》」篇のはじめに、墨子の宣言ともいえるようなアッパレなことが書かれている。

「子墨子曰く、万事義より貴《とうと》きはなし。いま人に謂って曰く『子に冠履《かんり》を与えて、その手足を断つとせば、子はこれを為《な》すか』。必ず為さざらん。何の故ぞ。すなわち、冠履は手足の貴きにしかざればなり。また曰く『子に天下を与えて子の身を殺さんとせば、子はこれを為すか』。必ず為さざらん。何の故ぞ。すなわち、天下は身の貴きにしかざればなり。一言を争うてもって相殺す。これ義。その身より貴ければなり。故に曰く『万事、義より貴きはなし』と」

〈この世に義より尊いものはない。たとえば、「お前に冠と靴をやろう。その代り手と足を斬るが、どうか」といわれて承知する者はおるまい。なぜかといえば、いくら冠や靴（名誉と地位）が欲しくても手足には代えられないからである。また、「お前に天下をやろう。その代り生命をもらうが、どうか」といわれて承知する者はおるまい。いくら天下が欲しくても生命には代えられないからである。

しかし、事実はそうではあるけれども、ただの一字のために、人間たるもの、生命を捧げていいときがある。その一字とは「義」である。義のためには生命を捨ててもよい。ゆえに、あえていおう、「この世に義よりも尊いものはない」と〉

老骨になって、ややもすれば漱石先生の嫌うところの三欠主義「人情を欠く、礼を欠く、義理を欠く」に陥りやすくなっているこっちとしては、墨子のこの堂々たる宣言には、ただへへェーと低頭三拝するのみである。いや、正しくは、辟易するのみかな。おのれの生命をかえりみることなく義のために、なんていわれると、戦争中に「愛国百人一首」にえらばれて大いにはやされた防人《さきもり》の今奉部與曽布《いままつりへのよそふ》の歌が、脳裏に自然に蘇ってくる。

今日よりはかへりみなくて大君の
しこの御盾《みたて》と出で立つ吾は

あの残酷非情の時代には、若ものたちがそれを守るために、生命を捨てても惜しくはない、とした「義」があった。しかしながら、あの時代の義とは、すなわち八紘一宇だの聖戦だの東亜新秩序だのと、戦争指導者がこしらえあげた壮大なるフィクションであった。それだけに犠牲となった特攻隊の若ものたちのことを想うと、胸が塞《ふた》がり、いまは平和の二字を最高に尊いものとして噛みしめるだけである。

墨子のいう「義」はそんな蜃気楼のようなものではなかった。墨子のいう義は、一言でいえば、人間として行うべき正しい道、ということにほかならないが、それじゃ孔子を筆頭として儒家、あるいは老子にはじまる道家と同じじゃないか、ということになる。それはまさしくその通り。古代中国の思想家の「義」はほぼ一致する。が、墨子の義は微妙にほかと異なるところをみせる。そのへんの曰くいい難い違いを示す問答が「魯問《ろもん》」篇にある。登場してくるのは、おなじみの儒家の公孟子にあらず、呉慮《ごりょ》という道家系の人物。

この男は乱世を捨てて片田舎に住んで、冬には陶器づくり、夏には畑仕事をして細々と糊口《ここう》をしのいでいた。彼が墨子にいうのである。ひとり静かに働いてその作物をわけ与えて、人びとの為になる、それこそが義というもの。あなたのようにお節介にあちらこちらと説いて回る必要なんかないものですな、と。

墨子はニコニコしながら答える。天下の人びとを飢えさせまいと、たとえば小生が農地を耕していくら頑張ったところで、せいぜいお百姓さん一人分の仕事しかできない。そしてその収穫をわけたところで腹をすかしている人みんなを救うことなんかできません。また、天下の人を寒さに震えさせまいと張切って機《はた》を織ったところで、せいぜい女工さん一人分の仕事しかできない。寒さに震えている人みんなを暖めることはできませんな、と。

そして、そのあとに説く墨子の言葉が肝腎なので、拡大や簡略化をせず直訳に近く書くことにする。

「小生がみずから甲冑《かっちゅう》を着て、武器をとって諸侯の難を救おうとしても、せいぜい兵士一人分の戦闘しかできない。一人分の戦闘力で大軍を防ぐことの不可能なのは自明の理です。それゆえ小生はそんな実利のないことをするよりも、立派な先王の実績を学んでその理を知り、聖賢の言に通じてその意を明らかにし、それを上は王公大人から下は匹夫《ひっぷ》徒歩の士にまで説き知らせるほうがよいと思っています。王公大人がわが説くところを聞きとどけてくれたら、国は必ず治まる。下々のものがわが説を用いてくれたら、その行いは必ず正しくなる。すなわち耕さずとも飢えたものを養うことができ、織らなくとも寒《こご》えたものに着せることができるわけで、耕して養い織って着せるよりはるかに実利的であります」

　最後のところ原文では「耕織せずと雖《いえど》も功は耕織に賢《まさ》る」である。そこをあえて「実利的」と訳したが、墨子の義には儒家や道家と違い単に世の為人の為になるだけでなく、常に多くの人びとを具体的に仕合わせにする実利ということが加重されている。義のために奮闘努力する、その奮闘努力が一人でも多くの人びとに実利を与えねばならない。それが多ければ多いほどその意義は大きくなる。戦乱がなくなり、世は平和になる。したがって天下の人びとすべてに福利を与えそして仕合わせにする奮闘努力こそが、最高の義ということになる。

　ところが呉慮は納得せずに、「それでもやっぱり、あなたのように説き回るのはおかしい」といい張る。あたかも出世とか金もうけとかの野心があるからやっているんであろうといわんばかりに。残念ながらここで紙数が尽きたので、以下第六話につづく。

第六話　義のために死すとも可なり

「死ぬ事と見付けたり」

「魯問《ろもん》」篇の、老子の流れをくむ道家の呉慮《ごりょ》と墨子の問答のつづきを書く、それが前話の予告であったが、突如として、またしてもはげしく気持ちを揺さぶられる話が浮かんできた。多くの人の顰蹙《ひんしゅく》を承知の上で、例によって早速に脱線ということになる。近ごろはあまり採りあげられなくなった『葉隠《はがくれ》』をめぐっての話である。

いまどき、『葉隠』といってすぐピーンとくる人も少なかろうが、享保元年（一七一六）に成った武士の一種の修養書である。享保といえば、享保二年に大岡越前守が町奉行となっている。かつてのテレビの〝暴れん坊将軍〟吉宗のころ。『葉隠聞書《ききがき》』が正しい書名である。佐賀藩士の山本常朝《つねとも》が口述し、田代陣基《つらもと》が筆録したものとされている。

そんな由来はともかく、その昔、われら悪ガキどもといえども『葉隠』とくれば「武士道といふは死ぬ事と見付けたり」という文句で即座に反応したものであった。

さらにいえば、はるか前の山鹿素行の「死を常に心にあつむるべし」（『武教全書』）、その門人の大道寺友山の「武士たらん者は、正月元日の朝、雑煮餅を祝ふとて箸を最初に取《とり》初《はじむ》るより、その年の大晦日《みそか》の夕に至るまで、日々夜々死を常に心にあつむるを以て本意の第一と仕《つかまつ》るにて候」(『武道初心集』)も加わって、

「いいか、お前たち、このきびしい戦時下にあって、いつなんどきでも天皇陛下の御馬前にあって勇ましく死ぬことを覚悟しておけ。死は鴻毛《こうもう》より軽しなんであるぞ」

と、軍国教師たちからしょっちゅう叱咤激励を浴びせかけられていた。

しかし、いまになって思えば、サムライの道徳の意で「武士道」がさかんに称揚されたのは明治以降のことであった。サムライ的主従関係を明治新政府がうまくとりこんで、天皇を機軸とする国民道徳につくりかえたのである。なぜなら平安朝以後には「兵《つわもの》の道《どう》」、中世には「弓矢とる身の習《ならい》」などといっていた。それが江戸時代になって、とくに『葉隠』がでてより武士道がさかんにいわれるようになったのである。

かくのごとく、そもそもが天下泰平のときの「心得《こころえ》」であったものが、いやはや、戦乱の昭和になって鉦《かね》や太鼓でもてはやされた。われら昭和一ケタ生まれの少年時代はそれはそれはものすごく武張ったときで、同時に死の大安売りのすさまじい時代であったな。日本の男《お》の子と生まれたのは、「死ぬ事と見付けたり」であったのである。事実、中学二年

生であった昭和二十年ごろは、B29の無差別じゅうたん爆撃の下、日夜、死とは常に隣合せで生きていたのである。夕刻に軍需工場の門の前で「アバヨ」と手を振って別れたのに、翌朝は地上から消えてその姿を見せない友が何人もいた。

義とはヒューマニズムか

と、六十余年前の想い出ばなしを長々とやるつもりはない。『葉隠』に急いで戻ると、そこに墨子と関連した（と、わたくしが勝手に解釈するところの）吉良邸討入りの赤穂義士論があるのである。山本常朝ははげしくこれを論難している。

批判すべき第一点は、大石内蔵助以下の面々はなぜ本懐をとげたあと泉岳寺でさっさと腹を切らなかったのか、ということ。あわよくば名をあげて再出仕を願ったのではないか、とまではいってないが、それに近いような何やら不純の心境があったにちがいないと常朝は疑っている。

ま、この痛論はそこまでとし、肝腎なのは第二点。「主を討たせて、敵を討つこと延々《のびのび》なり」、これすなわち敵討ちの成功を期した、うまく事を成就したいところからきている。「死ぬ事と見付けたり」の武士らしくない、と『葉隠』はこれを許さないのである。君臣の義のために「敵討ちをしよう」という純粋な動機よりも、時間をかけて敵を油断させて「敵討ちをとにかく成功させよう」という結果のほうを重んじている。後の人々によって義士とされているが、さにあらず、赤穂浪士は明らかに功利主義的であった、いま風にいえば策謀的であった、と強く批判するのである。

問題はこの「功利主義的」にある。前話のおしまいで、「墨子の義には儒家や道家と違い単に世の為人の為になるだけでなく、常に多くの人びとを具体的に仕合わせにする実利ということが加重されている」とわたくしは書いている。事実、墨子はそういっている。この「実利の加重」と「功利主義」とはどう違うのか。突如として、わが脳裏に浮かんできたのがこの疑問であったのである。まさか誤解する人はあるまいと思うが、やっぱりここに一言饒舌を加えておかねばならないことであろう。

『葉隠』が説くのは、四十七士の「義」はあくまでも徒党を組んだ自分たちだけの為のものであった、のであり、外へのひろがりは入っていない。『葉隠』はあえて断じる。何とか成功させようという慮《おもんぱか》りだけのいつわりの義であったのである、と。荻生徂徠が、浪士助命論で沸騰する儒者どもを相手にして、法を大事と力説し、「浅野長矩《ながのり》の刃傷はもちろん、これは要するに私闘でしかない。そして討入りは不逞の浪人どもの暴挙である」

と結論づけたのは、まさしくその観点からである。

たいして墨子の「義」はいってみればヒューマニズム、ひろく天下の人びとすべてに福利を与え、そして仕合わせにする奮闘努力にあるのである。結果がすべてうまくいくかどうか、個人的な怨みがどうかなんて考慮の外にある。そこが根本的に違うのである。「死ぬ事と見付けたり」の山本常朝だって、これならば四の五のと文句のつけようもなかったにちがいない。

さらに余計なことをいえば、そもそもが赤穂の浪士たちの討入りは「義」ではなかったのである。くわしく記している余地はないから簡略にするが、江戸の泰平下にあって仇討《あだう》ちは、親の敵《かたき》を子が、兄姉の敵を弟妹が討つ、これはOK。なれど親が子の敵を討ったり、兄が弟の敵を討ったりすることは道理に反すると許されなかった。逆縁の敵討《かたきう》ちが許されるのは、最適格な肉親がいないときにかぎられていた。ましてや、たしかな親族がいるのに、それになり代って家来や門弟や友人が仇討ちをするなんてことは金輪際許されない。義に反するとした。

であるから、浅野長矩の恨みを晴らしたいのであれば、長矩に子がないから、弟の浅野大学がやらねばならない。その大学の敵討ちの助太刀《すけだち》ならわかるが、大石内蔵助たち家来が大学に代って敵討ちなんてルール違反もいいところなんである。

そこで四十七人突入のさいの「口上書」には、「君父の讎《あだ》は共に天を戴くべからざるの儀、黙止《もだ》し難く、……」と、苦しいこじつけの敵討ち名目が記されていた。これはどっちからみても、義士とはいえない暴挙ということになる。

「義の人」を語るエピソード

ヤレヤレ、ここで軌道をもとに戻して、「魯問」篇の呉慮と墨子の問答のつづきである。

前話でふれたように、墨子が丁寧にいいきかせても、この男はなかなかの強情っぱりとみえて納得しようとしない。

「そうはおっしゃるが、やっぱり義とはみずからの実行あるのみであると思う。あなたのようにあちらこちらと説きまわる必要は毫《ごう》もござらん」

墨子は少々ヘキエキしながら、呉慮にあらためて尋ねた。

「では、お前さんのやっている畑仕事というものを、お前さん以外にだれもそのやり方を知らないとする。そこでじゃ、大勢の人に地を耕すことを教えてやって、みんなして耕作するのと、人には教えず自分ひとりでコツコツ耕しているのと、どっちが収穫が多いじゃろうな」

「もちろん、大勢の人に耕作を教えてやってから、みんなで耕すほうが多いにきまっとるわい」

墨子は落ち着きはらって、ゆっくりという。

「では、ここに不義を行った国があるとする。その不義を正すために何とかせねばならぬという場合を考えてみよう」

いよいよ核心に入る前にひと息いれて、おもむろに墨子はいう。

「このとき、軍鼓を叩いて大勢に知らせ、みんなでその国を攻めるのと、大勢には知らせず、まず自分ひとりで攻めるのと、どちらがいい結果を生むであろうかの」

「そんなことときまっている。軍鼓を叩いて大勢で攻めるほうが戦果はあがるのである」

「さらば」と墨子は言葉を強める。

「義についても同じことである。いまの乱れた世に真に義をわきまえる農民、兵士はきわめて少ないから、まず、かれらに義を説いたほうが大いにタメになる。義を説きまわる必要はない、なんてどうしていえるというのか。私が義を説いてまわることで、大勢の人びとが義とは何なるかを知るならば、それだけ世には広く義が行われることになり、世のタメ人のタメになるわけではないか。お前さんはそうは思わんかい」

いくらか我流にくだいてわかりやすく解釈をひろげてみたが、最後のところ原文では「若得鼓而進於義、則吾義豈不益進哉」（もし鼓《こ》して義に進ましむるを得ば、わが義あにますます進まざらんや）となっている。わが解釈よりもはるかに原文のほうが力強いことがわかるであろう。

墨子がいかに義を貴しとして、義の重さを説いてまわるのに熱心であったか、これで充分にわかるが、もう一例、「公孟」篇にある墨子の堂々たる言葉をあげておきたい。

同時代の儒家のひとりと思われる告子《こくし》という男が、墨子をひどくくさしていった。

「義を言うも行《おこない》甚だ悪し」

義を説くのはいいが、墨子のやっていることはまことによろしくない、と。これを耳にした墨子の弟子たちが、あいつはロクなものじゃないから相手になさらないほうがよろしいでしょう、といった。墨子はその忠告にたいしてこう答えた。

「いやいや、そうは思わないな。告子は私の行為を非難こそすれ、私が義を説いていることは認めているではないか。認めない人なんかよりずっとよい。たとえば、だれかが私を非難してきわめて不仁なやつだといったとしても、その男が天を尊び鬼神を祭り、人をひとしく愛するということを実行しておりさえすれば、私はその人物の価値を認めるよ。なるほど、告子は弁舌に巧みな人でさまざまに私を批評するが、私が義を説いている点で私を非難はしていない。いくらほかのことで告子が私を悪しざまにいおうとも、私は告子を認めるんだな」

さらにもう一例、「魯問」篇にある墨子の、義を行うことへのきびしさをよく伝えてくれるエピソードを引きたい。

弟子の勝綽《しょうしゃく》を斉《せい》の将軍の項子牛《こうしぎゅう》に仕えさせた。ところが、項子牛将軍は三度も小国の魯の国を侵略したのに、そのつど勝綽は行動をともにした。これを知った墨子は、弟子の高孫子を項子牛のもとに派遣して、こういわせた。

「わが師の墨子が申しますに、勝綽を引きとらせてもらいたい、と。かれをあなたのもとに仕えさせたのは、あなたの驕慢をおさえ、あなたの野望を挫《くじ》くためでありました。しかるに、勝綽はあなたから高禄を貰っているくせに、あなたを裏切るようなことをした。何となれば、あなたが魯を侵略することをいさめようともせずに、あろうことか、かえって侵略の手助けをしたからであります。これはちょうど、馬を走らせるふりをして、馬のいいいいむながい（胸のあたり）にムチを打って後退させたようなものです。

墨子先生はこのことを聞いてこういわれました。『口に義をいってこれを行わざるは、義を踏みにじることと同じである』と。勝綽だってそのことを十分にわきまえているはずです。それなのに義を行うことができないのは、高禄の有難さに負けて義を売り渡したのであります」

このおしまいのところの原文は一行「禄勝義也」（禄は義に勝つなり）である。けだし名言なるか。カネにころんで義なんかクソ喰らえ、これは世の常である。

ところが、墨子は断じてこれを許さない。墨子の理論からすれば、高禄を貰えば貰うほど義を重んじて、義のために死すとも奮闘努力せねばならないのである。もちろん墨子は人間の利己心や出世欲や金銭に弱い心も知っている。しかし、それらに目が眩《くら》んで、なすべきことを放ったらかすようなことあれば、容赦することはなかったのである。墨子の門下生にたいする統制力がわかる以上に、「義」の人墨子の真面目《しんめんもく》がよくでている話といえる。

関連して書いておきたいことがでてきた。新渡戸稲造の名著『武士道』のなかに、寛政の三奇人のひとり林子平《はやししへい》の説として面白い一文が引用されていることを思いだしたのである。林子平が「義」についてこう説いている、と新渡戸さんはいうのである。

「義は勇を相手にして裁断の心なり。道理に任せて決心して猶予せざる心をいうなり。死すべき場面に死し、討つべき場合に討つことなり」

すなわち、墨子のいうところの、義のためには死すとも奮闘努力せよ、ということと同意である。

そして新渡戸は、この子平のいう「道理」について論じて、これは要するに「絶対的な義務」ということであり、人間はだれであろうとそれに従わねばならない、としている。これまた墨子にいわせれば、「天の理」ということになろう。そして、利に目がくらんだり、欲望のまま走ったり、損をせぬよう尻に帆をかけたり、それがそもそも人間の浅ましさというものであるからなおさらのこと、「道理」に従うことを「義」として義務化せねばならない、と新渡戸はコンコンと説いていた。

なんのこった、新渡戸さんの説きに説いている「武士道」とは、つまり墨子のいっていることと同じじゃないか。さっきもふれたが、武士道とは江戸時代になって儒教を基盤にして形成されたものと考えていたが、それは所詮は概念がそうなのであって、骨髄のところに墨子がきちんと存在している。つまるところ、武士道というは墨子の事と見付けたり、であった。

おろくとの対話⑤

おろく：今日はムダ話をするために来たのではありませんよ。新しい仕事のお願いをもってきました。

と、早春のある日、くだんの編集者おろくが例のごとくに目ん玉をクリクリさせながら久しぶりにやってきた。

おろく：墨子さんではなく『史記』を、安野《あんの》先生とまた大いに論じてほしいんです。

〈安野先生とは安野光雅画伯。博覧強記の画伯とは以前、大いに風発した談論をもって、『三国志談義』（平凡社、現在文春文庫）なる一冊を世に問うたことがある。さてはおろくメ、柳の下の泥鰌《どじょう》で、こんどは『史記』ときたか、で、〉

隠居：よかろう、となれば、義をなによりも重んじた「遊俠列伝」と「刺客列伝」がいいぞよ。

おろく：義？　義を重んじる？　それ墨子さんじゃありませんか。お願いしているのは墨子さんではなく、司馬遷さん。間違わんで下さいな。

隠居：心得ておるわ。墨子と司馬遷を取り違えるほどまだモーロクはしておらん。安心せえ。とにかく、「遊俠列伝」も「刺客列伝」も『史記』列伝篇にあるものよ。そこで司馬遷は「俠」という男の心意気を大そう評価しておるんじゃ。なれど、一説に、その「俠」または「任俠」を最初にいいだしたのが墨子であることは、恐らく存じておるまいて。いいか、義のために死す、死すとも節は曲げず、これすなわち墨子の唱えるところなのよ。

おろく：ヘエー。今日は、センセイ、妙に意気軒昂たるところがありますね。

隠居：ま、聞け、『墨子』「経上」篇にこんな名言がある。「任」とは「士が己《おのれ》を犠牲にして、事に役立てる」意味であるとな。もともと「任」とは負う、あるいはになうということ、つまり責任を負うということ。犠牲になるということ。そして「俠」とは……これを説明するには『史記』の「遊俠列伝」にある一文がいい。「言ったことは必ず守り、なそうとしたことは必ずやりとげ、いったん引き受けたことは必ず実行し、自分の身をなげうって、他人の苦難のために奔走し、存と亡、死と生の境目をわたってやりとげたあとでも、己の能力に驕らず、己の徳行を自慢することを恥とする」。任俠とは、そういう人ならびに行為というわけだな。そしてそれこそが、とどのつまりは墨家の説くところであり、生き方でもあるわけなんだな。オレもそういう人になりたいと常日頃思っとるが、なにせ老《おい》耄《ぼれ》となってしもうた。

おろく：そういう人に私はなりたい、なんてまるで宮澤賢治ですね。

隠居：これ、茶化すんではない。もう一つ、中国の古典を引こうか。『淮南子《えなんじ》』という紀元前二世紀に出た本がある。その「泰族」篇に、まことにすばらしいことが書かれている。「墨子に付き従った百八十人はいずれも命令ひとつで火の中に向って進んでいくし、刃の上を踏んでいくことさえ辞さない。たとえ死んでも、踵《くびす》をめぐらして退くようなことはしない」とな。どうだ、おろく、見事な魂の結合であろう。まさに、それこそが任侠よ。墨子よりずっと後の人である司馬遷の「遊侠列伝」にはそうした人物がどっさりいる。

おろく：アレッ、「魂の結合」って、センセイの本の何かで読んだ気がするんですが……。

隠居：ハハハハ、多分、それは『それからの海舟』（ちくま文庫）であろう。勝海舟は、もし西郷隆盛との談判がうまくいかず、西軍を迎え撃って戦わねばならぬとなったときには、やむをえん、彼らを江戸市内に残らず導き入れ、四方八方から火をかけて全員を焼き殺してやる、という壮絶な火攻めの極秘作戦を考えだした。このとき、海舟が火つけに使おうと思ったのはサムライでなく、なんと、江戸の鳶《とび》職、侠客、魚河岸《かし》の兄ィ、香具師《やし》などなど。彼らこそ土壇場においては真に頼りになると思ったんだな。のちに海舟は語っているよ、「あの親分子分の間柄をご覧ナ、何でアンナに服しているんだい。サムレエの世界にはない。精神の感激というもんじゃないか。そう思っているがね」。魂の結合も精神の感激も同じことさ。お前さんがうっすらと読んだことがあると記憶しておるのは、これじゃろうよ。

おろく：そうなると、真の任侠って、センセイがよく口にする「赤城の子守唄」や「沓掛《くつかけ》時次郎《ときじろう》」といった演歌とは大分違うものなんですね。

隠居：そうよなァ、歌のヤクザ物は義というより義理、それにいかにも日本的な人情がからんで、義理と人情の板挟み、ッてのが多いんだな。〽夜が冷たい心が寒い……の「旅笠道中」、〽好いた女房に三下り半を……の「妻恋道中」。わが最も好むのは「大利根《おおとね》月夜」。久しぶりに歌ってきかせてやろうか。

〈と、〽あれを御覧と……と三番まで歌ったのであるが、音楽著作権協会がうるさいゆえ残念ながら歌詞は略〉

おろく：（パチパチパチと拍手して）とてもおん年八十のお爺ちゃんの声とは思えませんね。

隠居：ウフフフフ、そうかいそうかい。ところで、なぜ日本じゃ人情がやたらとからむかをよく考えてみると、これらヤクザ物の演歌がぞくぞくつくられて大流行したのは昭和十二年（一九三七）の日中戦争始まってからなんだな。十三年、十四年と大流行よ。それでよくよく歌詞を味わうと、赤紙一枚で戦場へ引っぱり出されていく日本の若者の悲哀や怨《うら》み辛《つら》みや怒りが、しみじみと感じられてくるのが多いんだな。いとしい恋人や女房といやでも別れねばならない。赤紙が届いたからには万難を排し行かねばならぬ。そして戦死してしまうかもしれない。やるせない想いよ。要するにヤクザ演歌のほとんどは裏返しをした悲痛な反戦歌であったんだよ。

おろく：ヘェー、そういえばそうかもね。

隠居：で、どうしても人情がしつこくからんでくる。やむをえんな。……というわけで、日本の任俠と古代中国のそれは根本からして違うんだよ。そこをきちんと理解して、さて、そこでその正統の任俠の徒のはじまりは、という話に戻ると、それはさっきふれたように墨家とする説はかなり昔から有力なんじゃ。そう指摘する論者に、中国近代にも、文学者・魯迅《ろじん》がいる。たしか『三閑集』というエッセイ集にあったと思う。「孔子の徒は儒であり、墨子の徒は俠である」と。さすがに魯迅どのだ、よく見ておる。アッパレなものよ。

おろく：どんどん力が入りますね。でも、今日のお願いは墨子さんでも魯迅さんでもなく司馬遷さんです。よろしいですね。お引き受けいただけますね。

隠居：わかった。「遊俠列伝」と「刺客列伝」とならべて、遊俠と刺客はどう違うか、それに墨家をからませて、安野仙人センセイと語るのは楽しみじゃな。ヨシ、たしかに引き受けた。

魯迅「非攻」のユーモア

おろくとの対話で、魯迅がでてきたところで、本論はいよいよ墨子の墨子たるところの非戦の思想に入ることとする。また楽しからずや。

魯迅は『墨子』にかなりの共感を抱いていたようである。その著作に『故事新編』という短篇小説集がある。『論語』だの『老子』だの『荘子』だの中国の古典に題材を求めて、一定の距離をおいて対象を見て、自在に、いかにも思想家の魯迅らしく近代的に物語を展開したものである。

なかでも老子が主人公の「出関」と、墨子が主人公の「非攻」の二篇をわたくしは好んでいる。岩波文庫にもあったと思うが、わが書架にあるのは筑摩書房刊『魯迅文集』第二巻。以下、原文引用の場合は、その書の竹内好《よしみ》訳によることをお断りしておく。

さて、この「非攻」であるが、『墨子』に「非攻」篇があるのに、それにはまったく拠《よ》らずに、「公輸《こうしゅ》」篇にもとづいて魯迅は物語を構成している。しかも「公輸」篇は『墨子』

書中でいちばん短いもので、この篇自体がひとつの短篇小説となっているのである。それを柱に、まわりに「耕柱《こうちゆう》」「貴義《きぎ》」「魯問」の各篇のなかのエピソードをいくつかちりばめて、ユーモラスでありながら、かなり重みのある物語を魯迅はつくりあげている。

その「公輸」篇とは——。

大国である楚の王に宮仕えをしている技術者の公輸盤《こうしゆはん》なる男が、雲梯《うんてい》という攻城の兵器をつくり、それを使って小国である宋を侵略しようとしている。雲梯とは城攻めのさいに兵隊を城壁に登らすために威力を発揮する新兵器のこと。いまでいえば、消防車のビル消火用の梯子《はしご》車みたいなものか。これでどんなに高い城壁であろうと、やすやすと乗り越えられる。これを耳にした墨子は何とかそんな大量殺人兵器を使っての戦争をやめさせようと、ただちに斉の国を出発し、昼夜兼行で行くこと十日十夜にして、楚の国の首都にやってくる。そこで旧知の公輸盤に面会した。墨子は熱をこめてこの不敵な技術者を説得しようとする。

「宋にどんな罪があるというのですかな。いま、楚の国にあまっているものは土地であって、足りないものは人民です。その足りないものを殺して、余っているものを奪おうというのは、まことに暴虐にして愚の骨頂というべきものです。罪もないのに小国を攻めるというのは義に大いに反します」

公輸盤は、しかし、もう王の命令がでているから、俺には何ともならぬと答える。墨子はねばって、それなら王に会わせろ、という。

こうして楚王に面会した墨子は、よりいっそう言葉を強めて、どんな理があって小国を攻撃するのか、とその侵略計画をやめさせようと必死に説く。そもそも侵略主義は天の認めぬところであり、

「王の〝義〟に傷がつくだけでありますぞ」

楚王は渋い顔をして答える。

「しかし、公輸盤はわざわざ私のために雲梯というすごい新兵器までつくったのだ。こんな強力な武器ができた以上、これを使って宋の国を攻めぬわけにはいかない」

およそトップに立つものはそんな風に考えるものなのである。せっかく大枚の金を使ってつくった新兵器を使わないのは残念だし、使ってみたくてたまらない。原子爆弾を莫大な資金と人を費消してやっと完成、爆発実験にも成功したときのアメリカ大統領ハリー・トルーマンのことを考えれば、楚王が渋い顔になるのは容易に想像できる。人間というやつはほんとうに度しがたい存在というほかはない。

墨子は、公輸盤のほうに向き直って、それならばその雲梯とやらを使って私のつくる城を見事に侵略してみるか、と挑戦する。つまり模擬戦争、今日風にいえば図上演習で、勝敗を決してみよう、という提案である。自信たっぷりの公輸盤は、もちろん、快諾する。という粗《あら》すじで、以下は「公輸」篇の原文を、少々長くなるけれど、例によって少々拡大的な解釈で記すこととする。

「公輸盤は、機をみて攻めること九度に及んだが、墨子は九度ともこれを防いだ。公輸盤の手には攻撃用の木札がなくなってしまったのに、墨子の手にはまだ防禦用の木札がたんまり残っていた。

『俺の負けだ』と公輸盤はいった。『しかし、どうすればおぬしに勝てるのか、俺には最後の一手がある。が、それはいわぬがハナだ』

『ハハハハ、私も、どうすればあなたが私に勝てるか、窮余の最後の一手とやら、それはよくわかっているが、同様にいわずにおきましょう』

と墨子がいうと、楚王が訊ねた。

『それは一体何なのか』

墨子も答える。

『ナニ、彼が考えているのは、要するに私を殺せばいいということなんです。私を殺せば、宋には守り手がなくなるから、侵略は容易だということなんです。しかし、そうはいきませんぞ。私の弟子の禽滑釐《きんかつり》をはじめ三百人の弟子たちが、宋の助太刀に立ち、すでに私の考案した防禦兵器をたっぷり備えて、宋城にあって楚軍の来攻するのを待ちうけております。私を殺したって、宋の国を攻め滅ぼすことはとうていできませんな』

楚王は嘆じていった。

『よいかな、先生の言。よかろう、宋を攻めることは思いとどまることにする』」

以上の話を、魯迅はまことにうまく、少々の脚色を交えながら小説にしている。何度か読み直したが、読むたびに感服する。

こうしてムダな戦争をとめることができた墨子は、ヤレヤレと、楚の国にオサラバを告げて斉に戻っていく。ここは『墨子』の原文の読み下しがいいであろう。

「子墨子帰りて宋を過ぎる。天雨降る。その閭中《きよ》に庇《ひ》せんとす。閭（城門）を守るもの内《い》れず。故に曰く、神《しん》に治むるものは衆人その功を知らず、明に争うものは衆人これを知る」

これだけである。まことに簡略。つまり、宋の国では楚の侵略を大いに警戒していたので、楚の国の方からやってきた乞食同然のボロ服の墨子が、城門の下へ雨宿りしようとしたのを、あやしい奴だとばかりに追い立てて、宋の兵隊が墨子を城内に入れてくれようとはしなかった。人知れず宋の危機を救ったのに、そんなことはだれも知らないし、墨子が黙しているかぎり知りようもない。ゆえに、そんな大功績者が眼の前にいるとは兵隊たちは気づかない。ウサン臭いヤツだと追っ払うのみなのである。ところが、これみよがしに騒ぎたてるヤツにかぎって、人びとはエライ人なんだと認めたがるものよ、世の中というものは。そう皮肉と溜息とをもってこの「公輸」篇は終る。

ところで、魯迅の「非攻」である。そこでのラストはくり返すがほんとうにうまく書かれている。さながら、小説はこうでなくてはいかん、という見本のような見事さである。

「墨子は帰路はかなりゆっくり歩いた。第一に疲れていたこと、第二に足が痛んだこと、第三に携行食を食いつくして腹がへったこと、第四に仕事を仕とげて、往路ほど気がせかなかったからである。しかし往路より不運な目にあった。宋国へ足を入れたとたん二度も調べられた。都城へ近づいたとき救国義捐《ぎえん》金募集隊につかまって、ぼろ風呂敷を寄付させられた。南門外では大雨にあい、城門の下に雨宿りしようとして、矛《ほこ》を手にする二名の巡《じゅん》邏《ら》兵に追ったてられ、おかげで全身びしょ濡れになり、そのあと十日あまり鼻がつまったままだった」

小説だから『墨子』のようなただの一言の教訓や説教はいらない。魯迅がモラル抜きで墨子が「十日あまり鼻がつまったままだった」とユーモラスに結んだところ、わたくしは大いに気に入っている。

第七話　いかなる戦争にも正義はない

魯迅が小説に托した憂国

せっかく魯迅の小説「非攻」をもちだし、追加して書きたいことがありながら、お終いにするのも作者に失礼であり、心残りでもあるので、もう少しつづける。

墨子が、侵略をやめさせようと楚の国へと旅立ったときの宋の国の様子を、魯迅はかなり力をこめて書いている。毎年のようにつづく水害と戦乱の傷痕がいたるところに残っていて、この国にはおよそ肥沃《ひよく》な畑なんかどこにもない。乾涸《ひから》びている。それなのに住んでいる人びとは、まったくのんびりとしたもの。城壁をめぐらしている堀ばたには、釣りをしている閑人《ひまじん》のほかに人影なんかない。

それを見て墨子は「この連中は楚が虎視眈々《たんたん》として攻略の機会を狙っている情報はたしかに耳にしているのだろうな」と思い、心から憂える。

そのへんのところ、魯迅の文章を長く引用することにする。

「大通りをどこまで行っても、貧しさと弱さのほか見るべきものがない。楚国の攻撃がさし迫っている話は耳にしているにちがいないのに、だれもみな攻撃を受けるのは馴れっこで、それが当然であり、少しも異常ではないと思い込んでいる。まして命のほかは着るものも食うものもない連中だから、移住などは考えもしない」

魯迅の狙いは、楚を「日本」と置きかえてみれば明らかなのであろうが、それよりも何となく、B29による無差別じゅうたん爆撃の嵐を受ける前の、われら東京の下町の住民たちの諦めきった姿が、ここに描かれているような気になってくる。マリアナ諸島から兇悪な爆撃機〝空の要塞〟が間もなく日本本土上空にやってくるとさんざんに知らされていながら、われら民草たちはまことにのんびりと、ふだんどおりに生活を営んでいた。もっとも、武器ひとつもたぬわれらにどんな抵抗ができるのか、どうあがいてもどうしようもない、というのが事実であったが。

「南門の城楼が見えるあたりへ来てはじめて、街角に十数人、辻講釈でも聞いているらしい群れがあった。

墨子が近づいてみると、話し手は腕を振り上げて、大声に叫んでいた。

《われわれは宋国の人民の気概を見せてやろう！　われわれはみんなで命を捨てよう！》」

これまた太平洋戦争末期の大日本帝国のあり様そっくりである。かけ声はもっと勇ましかった。米機なんら恐るに足らず、われに大和魂あり、一億総特攻で勝ち抜こう、神州不滅、神風はきっと吹く、最後の一兵まで！　エトセトラ。

魯迅がこの小説を書いたのは一九三四年である。昭和に直せば九年で、その三年前の昭和六年には満州事変が起きている。七年に第一次上海事変、そして満州国の成立。八年には日本は国際連盟から脱退し、「光栄ある孤立」を豪語しながら、牙をむきだしはじめ、中国北部への進出の第一歩を堂々と踏みだしていた。

宋の国に托して魯迅が書いたのは、そんな「山雨来らんと欲して風楼に満つ」ころの中国民衆の姿である。みんな慣れっこになっていて、狼のような国が攻めてきても少しも異常なこととは思いもしない。〝狼は生きよ、豚は死ね〟なんていうオッカナイ言葉がありながら、自分たちは豚ではないと思いこんでいる。そんな大衆にたいして、街角に立って救国の熱弁をふるっている人もいたのである。

さらに愉快なのは、すでに引用したように、墨子が楚王をどうにか説得して侵略の意図を捨てさせ、無事に宋国に平和をもたらして帰ってきたときのエピソードである。魯迅の書くところをもういっぺんくり返してみる。

「宋国へ踏み入れたとたん二度も調べられた。都城へ近づいたとき救国義捐《ぎえん》金募集隊につかまって、ぼろ風呂敷を寄付させられた」

この「救国義捐金募集隊」である。思わずフフフと笑ってしまったが、原文では「募捐救国隊」とあるらしい。訳者の竹内好さんがわかりやすくしたのであろうが、いずれにしたって「捐」の字がスラスラ読め意味のわかる人はいまどきは少なくなった。要するに抗日のために募金運動をしている人びとのことである。この小説の書かれた当時は、きっと中国の各都市の街頭にはこんな団体がさかんに人びとに「抗日排日」を呼びかけ金を募っていたにちがいない。

魯迅が墨子を描きながら、中国国民に何を訴えようとしていたのか。それは読者それぞれにお考えいただくとして、魯迅のいう「だれもみな攻撃を受けるのは馴れっこで」という中国民衆のことをほんのちょっと考えてみる。すなわち、十九世紀半ばの阿片戦争いらい、太平天国の乱、英・仏・米・露との屈辱的な天津条約、日本の明治新政府軍の台湾出兵……と中国近代は外からの攻撃また攻撃を受けつづけている。そして二十世紀になれば、義和団の乱に発する北清事変、中国領土での日本帝国と帝政ロシアの戦争、長くつづいた革命の争乱、各地に蟠踞《ばんきょ》した軍閥による権力争奪戦、国民政府を樹立したものの絶え間のない国内戦争、そして日本軍部の謀略的な満州侵出と、中国民衆は戦争と革命に翻弄されつづけてきた。魯迅が「攻撃を受けるのは馴れっこ」と書くわけがわかる。しかし民衆はどこ吹く風と悠々閑々としていた。戦いが起これば、いちばんさきに自分たちが死なければならないというのに。

この、恐るべき予測

いや、なにも中国民衆だけの話ではない。

少々、わが筆を大上段に振りかざし、これからおのが分を踏みはずしたようなデッカイ一席をぶつ。墨子とは直接にはかかわりはないが、その非戦論に入る前に、どうしても書きとめねばならないと考えている。こんなに気張るのもまた、我流の、やむにやまれぬ大和魂、の発露なんであった。

よくいわれる、二十世紀は戦争と革命の世紀である、と。たしかに、すぐる二十世紀は人間の歴史の中でも最も狂暴な世紀と結論づけてよい。これまで味わったことのない暴力を人類はつづけざまに受けてきたのである。

なかには科学技術と工業技術の世紀、あるいはエレクトロニクスとハイテクノロジーの世紀と、明るさを讃える人もいる。しかし、それらの異常なほど超高度に発達した現代技術も、そもそもを正せば、激越化していった国家総力戦が生んだ産物なのである。戦争が起こるたびに、科学技術は大いなる飛躍と発展をとげてきた。まさしく「たたかいは創造の父、文化の母」（昭和九年十月刊の「国防の本義と其《その》強化の提唱」、通称陸パンの冒頭の一行）なのである。

二十世紀すぐの義和団の乱にはじまって、ボーア戦争（南アフリカ戦争）、日露戦争、第一次世界大戦、ロシア内戦、シベリア出兵、満州事変、日中戦争、ノモンハン事変、スペイン内戦、第二次世界大戦（太平洋戦争）、中国内戦、朝鮮戦争、ベトナム戦争、中東戦争（第四次まで）、インド・パキスタン戦争（第三次まで）、アフガニスタン戦争、イラン・イラク戦争、湾岸戦争、ユーゴスラビア内戦、カンボジア内戦、国連平和維持活動（ＰＫＯ）、そして世紀末に近づいての北大西洋条約機構（ＮＡＴＯ）軍によるコソボ自治州やベオグラードなどへの空爆と、おもな二十世紀の戦争だけでも、すぐにこれだけが思いだされる。さらに中小を加えればほんとうに数知れず、ということになる。

なんとも人類は飽きもせず懲りることなく殺戮《さつりく》をつづけていることだと、あきれないわけにはいかない。しかも時間は光速のような速さで過ぎていくから、十分な考察や反省をする暇もない。かりに大教訓があってもそれを学ぼうとはしないのが人類である。夏目漱石のいうとおりに「吾等は渾身《こんしん》の気力を挙げて、吾等が過去を破壊しつつ、斃《たお》れるまで前進する」(「マードック先生の『日本歴史』」)ほかはないのであろう。

なんの本で読んだのかメモするのを忘れてしまったけれども、元米大統領カーターの補佐官であったブレジンスキーが、こんな計算をしたという。二十世紀がはじまって以来、一九九三年までに(冷戦終結までに)、「人による命令、あるいは決定によって」、空しく死ななければならなかった人は一億六千七百万人を数える。つまり戦争や革命や暴動によって、二十世紀においては日本国民全員プラス韓国国民のほとんどと同数の人びとが、地球上から抹殺されてしまったという計算になる。

また、最近読んだ本の一つ、フランスのジャン・バコン教授著の『戦争症候群』(竹内書店新社)には、もっと恐ろしい数字が〈注〉として挙げられていた。かなり長いがそのまま引用すると、

「アイバン・A・ゲッティングによると……一八二〇〜一八五九——戦争数九十二、死者八十万人(当時の世界人口十億の〇・一%)。一八六〇〜一八九九——戦争数百六、死者四百六十万人(世界人口十三億の〇・四%)。一九〇〇〜一九四九——戦争数百十七、死者四千

二百万人（世界人口二十億の二・一％）。一九五〇〜一九九九——戦争数百二十、死者四億六百万人（世界人口四十億の一〇・一％。核戦争一回による死者三億六千万人）。二〇〇〇〜二〇五〇——戦争数百二十、死者四十五億五千万人（世界人口百億の四〇・五％、核戦争一回による死者三十六億人）」

ゲッティングが何者なるか詳しくは存じないが、アメリカの著名な軍事アナリストであるらしい。これらの数字は、コンピュータを駆使しての綿密になされた計算であり、予測であって、一九九三年四月号の「エアフォース・アンド・スペース・ダイジェスト」誌上に発表されたものという。ということは、一九九九年までに核戦争が一回あって、死者三億六千万人というゲッティングの計測は、今日では完全に外れたということになり、まことに目出度いかぎり。と、はたして手ばなしで喜んでいられるかどうか。つぎの予測の二〇五〇年まではなお四十年の長い時間を残している。

たとえばイランの核武装はどうなるか。ともに核保有国であるところのインドとパキスタンの、いまは静かだが永遠の睨み合いは何をもたらすのか。アラブ諸国と核保有国家イスラエルとの紛争の極端に悪化する危険性は、依然として人類全体の上に重くのしかかっている。強大な軍事国家への道をひたすら急ぐ核武装国家の中華人民共和国は、何を究極の目標としているのか。また、たとえば朝鮮民主主義人民共和国のように、世界的に孤立している国が、かつての大日本帝国のように、核兵器を通常兵器と思いなして暴発することは金輪際ないのか。

しかも冷戦終了後の、二十一世紀となると、戦争はほとんどが民族性（言語・文化・信条体系）および宗教の対立から起こっている。しかもNATOのコソボ空爆にみるように、過去の戦争論など吹き飛ばして、人道主義の名のもとに無差別爆撃が行われても、これは合法的な戦争、として許されるようになった。さらにいえば予防戦争というか、攻撃してくる危険性のある国に対して大量の兵器による先制攻撃は合法的、とされるようになった。ブッシュ元大統領のイラク攻撃はその最高の典型といえる。

こうして、二十一世紀は戦争そのものが変容してしまった。戦争の理論化に、過去にはなかった多くの未知の論理が含まれるようになった。非情な兵器も人間の想像を超えた。結果は、二十一世紀もまた、「戦争の、それもより大量殺戮の世紀」となる危険性がますます強大化している、ということになる。

核と放射能の恐怖の消えるどころの話ではない以上は、ゲッティングの予言「二〇〇〇～二〇五〇――戦争数百二十、死者四十五億五千万人」を単なる妄想ときめつけてしまうわけには、やっぱりいかない気になってくる。

当然のことをいうが、戦争の本質は人が無残に虐殺されることである。何の落ち度もない、無辜《むこ》の人が殺されることである。とくに二十一世紀の戦争は、英雄的なものなど微塵もないほど非人間的な様相を呈するようになっている。しかも将来戦の非人間さは、とどまるところを知らないほど極端になっている。殺人に容赦はない。大義の有無や正邪など問わず、将来の戦争は誤たず汚らしいまでに非人間的な、われら民草の屠殺《とさつ》場と化し去ることであろう。

人類は、はたしていつ目覚めるか。いや、目覚めることがあるのか。第九条をふくむ新憲法の制定に当時十七歳のわたくしが大喜びしたときに、おやじが「お前はバカか。人類誕生いらい地球上から戦争がなくなったことなんか一度だってないんだぞ」と冷たく言い放った言葉が、またしても悪魔のささやきのごとく蘇ってくる。

さて、かかる長談義はいったい何のためなるや、と思う人も多かろう。決してゆえなしとはしない。そこで急いで本題に戻ることにして、墨子である。とにかく、このように、われわれの生きている現代は、まさに、小林一茶の句にいう「世の中は地獄の上の花見かな」のような危うさにあるのである。しかも人類はそれに気づこうとはしない。いや、気づいても知らぬふりをしている。わずかにオバマ元大統領が警鐘を鳴らしたが、その効き目たるや、残念ながらと申すほかのない状況下にある。それゆえになおさらのこと、墨子が大事なのである。いまこそ墨子を読み、墨子の言に大いに耳を傾けるべきとき、と思うのである。

チャップリン『殺人狂時代』

といったからとて、すぐに大マジメに墨子に入るかと思ったら大間違い。またまた例によって脱線して、あらぬ方向の話を一席する。

もうずいぶん昔のことになる。わたくしはチャップリンの映画にぞっこんイカれたものであった。文明化すればするほど人間が機械の一部品となることを皮肉った『モダン・タイムス』(一九三六年)、ヒトラーのナチス・ドイツを痛烈にやっつけた『独裁者』(一九四〇年) ときて、次が戦争による殺戮の正当性を正面から弾劾した『殺人狂時代』(一九四七年)と、チャップリンという芸術家の筋金とおったブレない姿にはほんとうにほれぼれした。

この『殺人狂時代』のなかに、そののちに映画をはなれて、俄然、有名になったセリフがある。主人公の殺人者ヴェルドー氏が最期にのぞんではいた言葉である。

「わたしは生活のために七人も女を殺して、殺人罪で裁かれている。しかし、戦争で百万人もの人を殺した者は、殺人罪にならない。それどころか、勲章をもらい、英雄になる。なぜなのか、なぜなんでしょうか」

まことに然り。昭和二十年八月のヒロシマ、ナガサキをもちだすまでもない。その前の三月十日の東京下町への無差別じゅうたん爆撃作戦をたてて、一夜にして十万人以上を殺戮した指揮官カーチス・ルメイ少将（当時）は、昭和三十九年十二月、勲一等の旭日大綬章をもらって〝英雄〟となっている。もちろん、授与したのはときの日本政府である。

これを新聞報道で読まされたときには、薄くなりつつあったわが髪が怒りで逆立って天をついたものであった。この三月十日、わたくしは地獄の炎と煙に追いつめられ、川に落ちてあやうく生命をなくすところであったのである。読者よ、いかがであろうか、無理はないと思われぬか。

かなりあとになって画家・エッセイストの和田誠さんから、「この映画の原案はオースン・ウェルズで、それも口頭でアイデアをのべたものであったらしいよ」と教えられた。そして、和田さんはつけ加えていった。いよいよ映画化となったとき、チャップリンは多額の原作料をウェルズに支払った、と。これを聞いてますますチャップリンとはなんと偉いやっちゃと、単なる喜劇王にあらずと、あらためて感服したことを覚えている。

さて、こんな長話には、お察しのようにウラがある。じつはわたくしは、この映画を観た直後の直感から、ずっとチャップリンは『墨子』を読んでいるに違いない、と思っていたのである。酒席なんかでわが仮説を得意そうに談じたこともしばしばであった。墨子が何者であるかを知らぬ酒友どもがへェーと感嘆する顔をみるのを楽しみともしていた。が、和田さんから実話を聞かされてからは、この楽しみもあきらめざるをえなくなったが、いまはもしかしたら原作者のほうが『墨子』をひそかに読んでいたんだなと思うことにしている。

左様、劇作家ブレヒトだって読んでいたのであるから、映画界の大家たるオースン・ウェルズが『墨子』「非攻」篇に目を通していたと見立てたって、不都合なところはどこにもないはずである。とはいうものの、ちかごろの若い連中は、チャップリンはいくらか知っていても、墨子はおろか名匠ウェルズといったってさっぱり驚かない。ウンともスンともいわれなくては、オダをあげる張り合いがないことおびただしいものがある。やむなく近ごろは、述べて作るどころか、述べず作らず、沈黙が金ということになっている。

非戦は理想にすぎないか

いよいよ本題である。「非攻」篇は〔上〕〔中〕〔下〕にわかれている。面白いのは、その〔上〕はほかの篇のように「子墨子曰く……」ではじまる問答体ではなく、冒頭から墨子の言葉になっている。門下のだれかが墨子のいうことを聞いて、それをのちに記述したというのではないらしい。つまり、この上篇は墨子その人が書いたものとみることだってできる。そこが貴重なのである。それに、それほど長いものではないから全文をそっくり引用といきたいが、そうもいかない。簡略にその説くところをたどりつつ、肝腎かなめの一節に迫ることとする。

「今、一人あり、人の園圃《えんぽ》に入りてその桃李《とうり》を竊《ぬす》まば、衆聞きてこれを非とし、上の政《まつりごと》を為すもの、得てこれを罰せん。これ何ぞや。人に虧《か》いて自ら利するをもってなり」

これが「非攻」篇〔上〕の書き出しである。

他人の果樹園に入ってその桃や李《すもも》を盗むことの不義であることはだれもが認める。ゆえに、当局はこれを罰する。なぜなら、その行為は自分の利益のために、人に害を与えたからである。と、まず論じて、話はだんだんに大きくなる。

他人の犬や羊や鶏や豚を盗む、これはさらに怪しからぬこと、いちだんと不義の行為なり。許すことはできぬ。さらに、他人の厩舎に押し入って、馬や牛を盗んだとしたら、その不義たるや豚や鶏の比ではない。より多くの害を人に与えたのであって、罪はさらにさらに重くなって然るべきである。

では、もし罪もない人を殺して、金品や剣を剝ぎ取ったとしたら、どうか。その罪は馬や牛を盗むことより問題にならぬくらい大きい。殺人行為は不義の最たるものである。したがって重罪が科せられるべきである。

と、墨子は論じてきて、こう指摘する。以下は原文を読み下してみる。

「まさにこのことは天下の君子はみな知っていてこれを非とし、これを不義という。いま大いに不義をなし国を攻めるに至りては、すなわち非とするを知らず、従ってこれを誉《ほ》め、これを義という。これ義と不義との別を知るというべきか」

いまの荒れ狂った世の中、他国を侵略することを不義として非難することなく、それどころか名誉なことと称賛し、侵略主義をさながら義とみなしてさえいる。いったい、こういう連中は、真に義と不義との区別をわきまえているのであろうか。いや、まったくわきまえておらん。

墨子の論はまことに明快であり、論理的である。

そしてこのあとに、いよいよチャップリンが、いやウェルズが学んだに違いないと思われる「非攻」篇の根本の論が展開されるのである。これは下手に拡大解釈するよりも原文の読み下しがいいであろう。少々長文となるが、中国古典新書（明徳出版社）の高田淳教授の『墨子』を引用することとする。

「一人を殺さばこれを不義と謂《い》ひ、必ず一の死罪有らん。若しこの説を以て往かば、十人を殺さば不義を十重し、必ず十の死罪有らん。百人を殺さば不義を百重し、必ず百の死罪有らん。かくのごときは、天下の君子みな知りてこれを非とし、これを不義と謂ふ。いま大に不義をなし国を攻むるに至りては、即ち非とするを知らず、従つてこれを誉め、これを義と謂ふ。情《まこと》にその不義を知らざるなり。故にその言を書して以て後世に遺《のこ》す。若しその不義を知らば、それ奚《なん》の説ありてかその不義を書して以て後世に遺さんや」

この終りのところの論は、やっぱり我流の拡大解釈が必要であろうかと思う。すなわち、世の馬鹿ものどもは侵略行為が義に反するということをまったくわきまえておらんのである。わきまえていないからこそ、戦争の正義やら華々しさやらを書きたてて後世に伝え残そうとするのである。もし、不義であることをわきまえていれば、侵略戦争のフィクショナルな正義などをガナリたて書きたてて、後世に残そうなんてしないはずである。

墨子は、あに侵略戦争のみならんや、骨の髄から戦争そのものを嫌った。いかなる戦争にも正義はない、と説きに説いた。戦争をなくそうと主張した。すでに書いたように、攻めるほうにも守るほうにも戦いをして何一つ利するものはない、害あるのみ、と説いた。ただいたずらに人びとの生活が破壊され、大量の物資が消費され、何の罪もない人の生命が奪われるのみ。治国平天下、ヒューマニズム（兼愛）によって平和を維持して、人びとを安穏幸福たらしめよう、それこそが人間のなすべきところ、と墨子はひたすら奮闘努力しつづけたのである。

たしかに、墨子の生きていた時代は、百年前の孔子の時代よりも、世はいよいよ乱れきって、為政者は暴威暴利をほしいままにし、人びとは虚無的頽廃的になって、戦乱がたえず起こる凶悪きわまりない世になり下っていた。墨子がいう天子は、天の命を受けてこの世を統治する儒家のいわゆる天子ではなく、義によって選ばれた天子、義とは何かをよくわきまえたもの、つまり民主的に人びとによって選ばれた大統領のようなものであったのも、それゆえである。墨子が非戦論を説いて奮闘努力したのもまた、あまりに世が救いがたいほど荒れていたからである。

おそらく、いっさいの戦争を不義とする墨子の非戦論は、決して悪いものではなかったが、はたして当時の人びとの情感を満足させられるものであったであろうか。知的には理解できるとした人、また、ヨシ、実践してみようと意欲的になった人も少しはおろう。しかしそういったってそれは達すべからざる大理想、夢物語、空想、その実現はとうてい無理な注文だよ、とあっさり諦めた人びとが圧倒的であったにちがいない。それが人間の情というものである。

であるから、侵略戦争による無辜《むこ》の人びとの死をなくそうと智恵をしぼり、墨家は汗まみれ泥まみれになって奮闘努力したのである。そこが墨子の、とにかく真っ黒になって働く墨子たるゆえんなのである。

いまの日本にいる〝墨子〟

ここでまた余分なことながら書いておきたいことがまたまた思いつかれた。中村哲《てつ》さんのことである。このあいだ、編集者のおろくにせっつかれて、現代日本でただ一人の仙人たる安野光雅画伯と、在野にありながら司馬遷の『史記』に関しては他の追随を許さない学識をもつ中村愿《すなお》さんとの座談をまとめた『史記』と日本人』（平凡社）を上梓した。そのとき安野さんも中村さんも異口同音に「現代日本に墨子が存在するとすれば、それは中村哲さんをおいて他にいない」と推輓《すいばん》した。その中村哲さんである。まったく一面識もない人であるが、書物やテレビで知るかぎり、まさに世のため人のために奮闘努力し、われら現代人の手本ともしたい人で、わたくしもお二人の言に心から同感した。

一九四六年、福岡県生まれ。医師。ペシャワール会現地代表。現在は、アフガニスタン北東部の三カ所の診療所を中心に、山岳無医師村での医療活動をつづけている。それだけでも余人のすることにあらずであるが、何よりすばらしいのは二〇〇〇年より、大旱魃《かんばつ》に見舞われたアフガニスタンの水源確保のため大きな用水路の掘鑿《くっさく》工事を独力ではじめ、それを現在もつづけていることである。アフガニスタンといういまあらゆる意味で条件の最悪のところ、荒地にして戦場での灌漑《かんがい》事業を、「命の水路」づくりを、大勢の現地の人たちを指導してともにやっている中村さんの姿をテレビ放映で観て、ここに真の日本人あり、とほんとうに感動した。

中村さんは語っている。

「私たちが作業している用水路と並行して、米軍の軍用道路をつくっているトルコの団体があります。それは、兵隊に守られながら工事をしていますが、これも住民の攻撃対象になっています。トルコ人の誘拐《ゆうかい》・殺害が残念ながら後を絶たない」。しかし自分たちのほうではそんなことは起こらない。それでよりいっそう〝丸腰の強さ〟〝真の国際貢献とは何なのか〟を現地にいると痛感するのだと。

その中村さんがさらにこう語っている。

「『日本はいまの平和憲法をいじらず』その精神を生かす努力をすべきです。他国との関係を考えても、経済的なことを考えても、それが現実的でしょう」

そしてまた、中村さんはつぎの言葉を信条としているという。

「人は愛するに足り、真心は信ずるに足る」と。

これはもうまさしく墨子その人である。武力にあらず、ヒューマニズム（兼愛）によって平和を維持して、人びとを安穏幸福たらしめよう、それこそが人間のなすべきところと、中村さんは奮闘努力しているのである。「人は愛するに足り、真心は信ずるに足る」とは、ほんとうにいい言葉である。

以下に、中村さんが『憲法を変えて戦争へ行こう　という世の中にしないための18人の発言』（岩波ブックレット）に書いている一文を、アトランダムに引く。少々長くなるが、ぜひ味読してほしい。

「戦争もつきつめれば、外交手段の一つです。9条の主旨はつまり、武力による外交手段を放棄する、というものですね。ということは、武力に頼らない外交手段を、あらゆる手をつくして模索する、という宣言でもあるんです。それを（日本人は）きちんと果たしてきただろうか。それがまず、大きな疑問ですね」

「よく、理想だけではやっていけない、ちゃんと現実を見なければ、と言いますが、それこそが〝平和ボケ〟の最たるものです。それは、マンガや空想の世界でしか人の生死の実感を持てない、想像力や理想を欠いた人の言うことです。

現実を言うなら、武器を持ってしまったら、必ず、人を傷つけ殺すことになるのです。そして、アフガニスタンやイラクで起こっているように、人が殺し合い、傷つけ合うことの悲惨さを少しでも知っていたなら、武器を持ちたい、などと考えるわけがありません」

「そういうこと（人の命の尊さ）を放置しておいて、つまり自分の国もきちんと治められないのに、外へ出て行きたい、国際貢献をしたい、というのも疑問ですね。太平洋戦争の際も、『大東亜共栄圏』を唱え、『東洋平和』を叫んで出て行きました。そのときにも、いわば『国際貢献』を旗印にしたのです」

墨子がいまの日本にもし生きてあれば、きっとそういったにちがいないと思われる言葉ばかり。そんなバカな、墨子はそんなことといっていないはずだ、牽強付会の論だ、と主張する人がいるであろう。そういう人のために、墨子が「非攻」篇〔上〕でいっている言葉をもういっぺん試みに引いてみる。

「小さな悪事を行うと、これを知って人は非難する。ところが大きな悪事を行って他国を侵略すると、非難しようともせず、かえってこれを誉《ほ》め、それこそ正義であるという。これで正義と不義との区別をわきまえているといえようか」

さらに、中村さんの言葉を引く。

「これまでのどんな戦争も『守るため』に始まった。『自国を守るため』という名目で外に行って、非道なことをしているんです。悪いことを始めるときに本当のことを言って始めるわけじゃないんです。大義名分を押し立てて始める。それが現実なんです」

この中村さんを「現代日本の墨子」と讃えた安野・中村原説に同感と叫びたくなっても不思議ではない。人として最後まで守るべきは何か、尊ぶべきは何かを求めて、〝日本の墨子〟は本物の墨子以上に奮闘努力している。

「まだいまは、日本に憧れ、尊敬してきてくれた世代が（中東の）社会の中堅にいますが、この次の世代からはもう、日本の見方が変わります。おそらくアメリカと同様に攻撃の対象になるのではないか、と思わざるをえません」

〝日本の墨子〟のこの予言に、われら日本人は襟を正して本気になって耳を傾けなければならないのではないか。

第八話　心の中に強靭な平和の砦を築かん

『史記』刺客列伝の予譲

墨子の非戦論のつづきをもうちょっと書く。

とはいいながら、のっけからまた脱線。大挙来襲する野武士どもを奇略と猛勇をもって退治した傑作映画『七人の侍』（一九五四年）の監督黒澤明は不動の信念をもって「どんな理由があっても、戦争だけはしてはいけない」と常にいっていたそうな。そして、

「自分の大切な人が殺されそうになったら反撃しないのかって、よく反論されるんだ。そういうことじゃないんだ。戦争というものが始まってしまうと、虫も殺せなかった人間が人を殺し、心優しい人間も身内を守るために鬼の形相になる。戦渦の中では自分が生きていくことだけで精一杯、人間が人間でなくなるから怖い。だから、戦争を始めてはいけないんだ」（黒澤和子『黒澤明「生きる」言葉』）

人にはつくれないチャンバラ映画を数多くつくってやたら人を斬っていた名監督にして、この言葉ありとはちょっと意表をつかれるが、人間がいちばん尊い心の優しさを失ってい

くのが我慢ならないこと、という意味でもあるのであろう。

もう一つ、肝腎の墨子を離れて〝余話ながら〟と断りをいれてまた脱線する。老耄《おいぼれ》ともなると、美味《おい》しいものから食べなさい、と心得て、さきに思いついた話を書かないと、書きっぱぐれてしまう情けなさに常に見舞われるからである。

墨子の思想のいちばん大事なところは、いうまでもなく「戦争は悪」といいきっていること。それで『墨子』を読もうとすればまず「非攻」篇〔上〕〔中〕〔下〕に目がいく。くり返すが、墨子は頑として侵略戦争を認めない。さらには、いかなる戦争にも大義はない、と宣言する。この他国への攻撃・侵略主義にたいする墨子の糾弾はすさまじく、徹底しきっていて、その舌鋒はむしろ心地よい。

ところで、じつは先夜、その〔中〕をひらいてのんびり読んでいたら、アレレと思わず声が出てしまった。趙襄子《ちょうじょうし》という名がわが眼を鋭く射たからである。つづいて智伯《ちはく》という名も。いずれもどこかで聞いたような名だな、と疑う暇もなく、そうだ、『史記』だよと即座に思い当たった。

前にも書いたが、さきごろ平凡社より上梓した『『史記』と日本人』は、安野光雅画伯と中村愿《すなお》大人との、司馬遷と『史記』をめぐっての楽しい鼎談《ていだん》の一冊であるが、その

『史記』の「刺客列伝」に登場する予譲《よじょう》という信と義にこり固まった刺客について、かなり熱心に三人で語り合った。その予譲が討ち果たさんと狙った目標が、なんで忘れてなるものか、趙襄子その人なんである。

しかも、予譲は趙襄子をしつこくつけ狙うが目的を達することができず、逆に捕われてしまう。趙襄子がこの憎っくきはずの刺客に鄭重な言葉つきで尋ねるのである。

「そなたはかつて范《はん》氏や中行《ちゅうこう》氏に仕えたのではなかったか。智伯が両家を全滅させたが、そなたは仇《かたき》をとろうとはせず、逆に智伯に身を屈してその家来となった。その智伯も今はもう（私が攻め滅ぼして）死んでしまった。どうしてそなたは彼のためにだけ、執念深く仇をとろうとするのか」

予譲がこう答える。

「それがし、范氏と中行氏に仕えはしました。范氏と中行氏は、いずれも私を凡人として扱いました。だから私は凡人としてのお返しをしたのです。智伯どのの方は、私を国士として扱ってくれました。だから私は国士としてのお返しをするのです」

この問答は一海知義さんの『史記』（平凡社ライブラリー）によったのであるが、一海さんはこのあとに、「国士」とは国で第一級のすぐれた人物、国を背負って立つような人物をいう、と註解を加えている。さらには、別のところで予譲が発した「士は己《おのれ》を知る者の為に死す」という名言中の名言をとりあげて、この言葉は「この列伝の他の箇所にも見え、刺客たちの行動の契機《モチーフ》の一つであり、刺客列伝全体をつらぬくテーマの一つでもある」とも解説を加えている。前にもふれたが、『墨子』のいう人材登用のさいの処遇の問題、すなわちせっかくの人物を片や凡人と見、片や国士と見る、上に立つものの力量次第による人物鑑別のむつかしさが、ここでも如実に語られている。

予譲は、最期にのぞんで、すこぶるいいことをいう。

「世間では、『明君とは人の美点を見とおすもの、忠臣には名に死をかける義理がある』といいます。殿は以前寛大にも私を赦《ゆる》された。天下のものは、みな殿をすぐれたお人とほめたたえております。今日の事について、それがし、もとよりお手討ちにあうは覚悟の上。しかしながら、できれば殿の上衣をたまわり、これを突き刺しとうござる。そして仇討ちの本望をとげさせてくだされば、死んでも悔《く》いはござらぬ。どうしてもということではございませぬ。あえて胸の内をさらけ出しただけのこと」

一海さんは「突き刺しとうござる」と巧みに躍動して訳していて、そのやりとりはさながら歌舞伎芝居を観るようである。こういわれて趙襄子はその義にすこぶる感じいり、上衣をぬいで与える。と、予譲は三たび躍りあがってこれを刺し貫く。そして「これであの世の智伯どのに報告できまする」といって、みずからの剣に突っ伏して果ててしまう。

以上が『史記』に登場する趙襄子であり智伯である。何となくいずれも戦国の世を飾るような名君の感がする。いや、司馬遷の言葉を借りれば、ともに「明君」と書くべきか。ところがこれが『墨子』になると、とくに智伯はとんでもない人物ということになるのである。予譲がいかに義人であるかを見抜いた眼力の持主、死を賭してまでその恩に報いたいと予譲に決意させるほどの大人物とはとうてい思えない怪しからぬ侵略主義者、なんである。歴史というものは一面から眺めただけでわかったつもりになるのは大そう危険、ということを教えてくれる。

侵略主義許すまじ

さて、『墨子』「非攻」篇の〔中〕ではかなりはげしく侵略主義を論難する言葉が連ねられている。墨子はいう、古今東西、戦争は絶えない。為政者は、戦争が愚劣であり、民草には悲惨をもたらすだけであることを十分に知っているはずなのに……。

と書いてくると、戦後日本で新憲法が施行され、戦争を永遠に放棄すると宣言した第九条に武者震いの出るほど、わたくしが感動したときのことが思いだされる。新しい平和日本をつくろうと理想に燃えていたし、東京の焼け跡でみた数かぎりない無残な焼死者の死を無意味にしないためにも、戦争放棄とはこよなく有意義なことと、若き日のわたくしは心から信じられたからである。そして、それを言葉にだしていったとき、わが父はゲラゲラと笑い、いとも馬鹿にした口調で、

「お前はあのすさまじい東京大空襲のとき川に落っこちて溺れ死にしそこなったため、まだ頭に水が溜まってるのと違うか。戦争がこの世からまったくなくなるなんてことは金輪際あるものか」

とバッサリ斬って捨てた。なんと親父は現実主義者なんだと、えらく憤慨した覚えがあるが、わたくしはそのときにはまだ墨子のボの字も知らなかった。もし『墨子』をあのときにすでに読んでいたら、敢然と反論して、ああまで嘲笑されることはなかったと、いまは若干の口惜しさを覚えずにはいられない。

そしてその口惜しさと一緒になって、フランスの作家サン＝テグジュペリの『人生に意味を』（みすず書房）に書かれていた非情な言葉がどうしても想起されてくる。

「恐怖の描写ばかりに専念しても、われわれは戦争をなくすことはできないだろう。生

きることとの歓びと無益な死の悲惨をいくら声高に述べ立ててみても、われわれは戦争をなくすことはできないだろう。すでに数千年来、母親たちの涙については語られてきた。だが、そのような言葉が息子たちの死を阻止することはできなかったことを認めねばならない」

たしかに、それがリアリズムというものである。

そうではあるが……。『墨子』に戻る。紀元前五世紀に生きていた墨子はそのリアリズムに屈してはいないのである。各国のリーダーは十分に戦争の無意味さを知っているはずなのに、としたあとで、こう論理を展開する。

「然《しか》而れども何為《なんす》れぞ之を為《な》す。曰く、我伐《ばつ》勝の名及び得《とく》の利を貪《むさぼ》る、故に之を為すと」

例によって読み下しのままでは不得要領であろうから、我流の飜案で以下に長々と。

「されど、世の戦争狂たちは戦争をやりたがる。そしてこの連中は主張する、戦勝の名誉と、戦勝によって得られる利益とがほしいために、戦争をするのだ、と」

たいして墨子は反論するのである。

「戦勝がもたらすものに有益なものは一つもない。戦勝によって得た利益を計算してみると、その損失の大なることには及ばないことがわかるのである。いま三里四方の城、七里四方の城下町をもつ国を攻めるとしよう。精兵をくり出すこともなく、かつ味方の兵を一兵たりとも殺すこともなく、そっくりまるごと手に入るならそりゃ結構なことに違いない。しかしながら現実は、味方の兵を殺すことが多い場合は万を数え、少ない場合でも千を数える。こんな損害をだして、三里の城と七里の城下町がやっと占領できるというもの。それが何になるというのか」

こう墨子が説いていることは、日中戦争における日本軍にそのままあてはまる。あの時代、われらが皇軍は何が真の戦争目的か不明のまま、ひたすら広い中国大陸をかなりの死傷者をだしつつ突き進んだ。陥落、陥落また陥落、戦争はお祭りではないが、そのたびに日本内地では旗行列と提灯行列で万歳〳〵である。「兵隊さんは命がけ、私たちは襷《たすき》がけ」という標語は、当時の国民感情をいい得て妙であった。

しかし蔣介石の臨時首都の漢口《かんこう》陥落が、日本の〝陥落主義〟の終点であったのである。拡大もここまで。日本人は勝ったつもりになっていたが、陥落主義には、都市陥落のあとの中国民衆の抵抗が視野に入っていなかったのである。占領地域の後方に、いぜんとして抗日政権があり、抗日ゲリラ戦があり、毛沢東の「持久戦論」があった。

内地の日本人は、でっかい中国の地図の上に、陥落主義で、あちこち日の丸の旗を突き立てて喜んでいたが、よくよくみたら日本軍が占領していたのは、よくいわれるように「点と線」のみ。占領した主要都市に軍の基幹部をおき、地方都市の重要度にしたがって、旅団・連隊・大隊・中隊と配し、それらをつなぐ鉄道沿線に警備地区をつくって威張っていた。しかし、要するに点と線である。ほかの広大な「面」のところは中国軍のお出入り勝手で、ゲリラ戦をしかけ鉄道線路破壊などお茶のこさいさいであった。戦争は、まさしく日本軍にとっては「どこまで続くぬかるみぞ」であったのである。

いやはや申し訳なし。どこまで続くかわからぬ長口舌をやめて、少しさきに飛ばして「非攻」篇〔中〕の我流訳のつづきを。

「もし王公大人が心から利益を欲して損失を憎み、安全を欲して危険を憎むならば、侵略主義ということを真っ向から否定しなければならない」

このところ、原文の読み下しを念のため掲げれば、

「古者《いにしえ》の王公大人、情得るを欲して失うを悪《にく》み、安きを欲して危きを悪む。故に攻戦に当りては非とせざるべからず」

となる。そしてこのあとに、墨子はいつもの流儀で、過去の侵略主義のとくによくない具体例を二つあげてみせるのである。その一つが、前にも書いたことのある呉越の戦いの

呉王夫差《ふさ》の例、そして他の一つが、予譲が仕えた智伯ドノなんである。すなわち、「また昔、晋《しん》に六人の将軍がいた。そのうち智伯が最強の勢力をもっていた。かれは自分の土地が広大で人口も多いところから、他の五将軍を潰して、いっそう英名を馳せんと決意した」

つまり晋の文王をのけものにしてまでも一国の王ならんとの野心を抱いたのである。そうして軍備を拡大整備し、兵を猛訓練し、戦力十分となるや時をおかず電撃作戦に打ってでる。そして「中行氏《ちゆうこう》を攻めて之を有し、その謀を以て已《すで》に足れりとなし、また范《はん》氏を攻めて大いに之を敗り、三家を合して以て一家と為して止まず」。こうして二人の将軍を殺し、すべて併合して自国の領土とし、余勢をかってさらにもう一人の将軍の趙襄子に攻めかける。そこで趙襄子が立て籠る晋陽城を包囲したが、趙襄子は頑強にねばる。もはや降伏は許さぬと攻めたてて、智伯の侵略主義はとどまるところを知らぬ、という苛烈さ激越さ。つまり、墨子にいわせればとんでもない野郎。

このときになって、それまで智伯に味方していた残る二人の将軍、韓康子《かんこうし》と魏《ぎ》桓子《かんし》とが初めて智伯のとどまることを知らぬ野望と残虐さに恐怖を感じたのである。二人は膝をつき合わせてひそかに語り合った。

「昔の諺《ことわざ》にも、唇ほろぶれば歯寒し、というではないか。もし趙襄子が朝《あした》に亡ぶようなことがあれば、われわれも夕べにはその後を追うことになろう。それに、昔の詩に、魚が水に務めずんば、陸はた何ぞ及ばんや、とある。ここは一番、よく考えなければならぬときだ」

昔の詩にある言葉は、原文では「魚水不務、陸将何及乎」とあって、魚は水中にあるときは泳ぐことに専念すべきであって、いったん陸上に揚げられるようなことがあれば、後悔しても及ばぬ、という意味であるそうな。要は、あとでシマッタと後悔することのないようにしよう、ということ。で、二人の大将は激戦中の趙襄子に裏から通じ、三人が心を一つにして三方から智伯を攻撃することにした。さすがの智伯軍もかくて潰滅し、野望家の智伯は殺され、屍《しかばね》は蛆《うじ》がわくまで野に放置されてしまう。侵略主義者の末路哀れなり、というところである。

そして墨子は結論していうのである。

「君子は水に鏡《かんが》みずして、人に鏡む。水に鏡むれば面《かお》の容《かたち》を見、人に鏡むれば吉と凶とを知る」、それゆえに「戦《いくさ》を好むものは智伯の事に鏡みるべし」。

水を鏡とすれば自分の顔を見ることができる。人のやったことを鏡とすれば善悪吉凶をまざまざと映しだすことができる。もし侵略主義が利益をもたらすなんて考えたなら、まずはしっかりと智伯の例を鏡として見るがいい。つまりは歴史に学べ、と墨子は主張するのである。

わが日本では、かつて歴史を鏡といった。大鏡、水鏡、吾妻鏡……フーム、さては中世の日本の歴史家は『墨子』を読んでいたのかいな、と思いたくなってくる。

戦争の正体とは？

それにしても、この墨子の非戦論がいかに正しかろうが、わが父やサン＝テグジュペリではないが、ほんとうに戦争という政治的手段を人類は完全放棄できないのであろうか。そもそも戦争とは何なのか。思考の資として、例の『定義集』を利用していくつかの先人の達見をならべてみる。

「戦争は国家の疫病であり正義の墓場である。武器にとりかこまれた法は沈黙する。大部分の民衆はこれを呪《のろ》い、平和を希求しているのだ。そして常に多くの民衆の不幸の上に呪わるべき繁栄を温存する少数者のみが、戦乱を望むのである。彼らの非人間性が、かくも多くの善良な人々の意志にまさるべきであろうか？　過去をかえりみるがよい。条約や姻戚関係や暴力や復讐は、現在にいたるまで何一つとして確固不易なものを築きえなかったことがわかろう。そして危険の防止には寛容と好意ほど確かなものはないことがわかろう。戦争は新たな戦争を招き、報復は報復を呼び、不寛容は不寛容を生むのである」

以上、十五世紀のオランダ生まれの人文学者エラスムスの『平和神の慨《なげ》き』から。わが日本の明治の自由民権論者の中江兆民『三酔人経綸問答《さんすいじんけいりんもんどう》』にはこうある。

「二つの国が戦争を始めるのは、どちらも戦争が好きだからではなくて、じつは戦争を恐れているために、そうなるのです。こちらが相手を恐れ、あわてて軍備をととのえる。すると相手もまたこちらを恐れて、あわてて軍備をととのえる。双方《そうほう》のノイローゼは、月日とともに激しくなり、そこへまた新聞というものまであって、各国の実情とデマとを無差別にならべて報道する。はなはだしいばあいには、自分じしんノイローゼ的な文章をかき、なにか異常な色をつけて世間に広めてしまう。そうなると、おたがいに恐れあっている二国の神経は、いよいよ錯乱してきて、先んずれば人を制す、いっそこちらから口火をきるにしかず、と思うようになる。そうなると、戦争を恐れるこの二国の気持ちは、急激に頂点に達し、おのずと開戦になってしまうのです」

では、戦争とは正逆の平和とは？　これには二十世紀のフランスの哲学者アランがいいことをいっている。

「平和——これは一人の人間が、自分に敵があると認めず、またいかなる他人の不幸も歓びとしないでいる状態である。平和は、常に無関心の状態を予想するばかりでなく、さらにすべてのことは人間同士の間で理性と忍耐とによって解決されるべきで、発作的状態は永く続くものではない、という積極的な信念を予想する。この信念は、国家の間の関係にも同様に妥当する」

ここにいわれているのをつづめていえば、戦争を起こさせないためには、理性と寛容と好意（善意）と冷静さと忍耐が大事ということになろう。しかも最高の知者たちがいうことはほぼ共通しているといえよう。要は、非人間的になるなかれ、なのである。

いやはや、われながら雑談好きであることよ、といささか呆れざるをえないのであるが、ここでまた妙ちくりんなことが想いだされてきた。放浪の画家の山下清に扮して、小林桂樹が絶妙な演技をみせた映画『裸の大将』（一九五八年）のなかの、思わず高笑いしたあとで胸がシーンと冷えてきたセリフのことが、である。

シナリオをかいたのが水木洋子。あとで聞いたが、この大仕事を引受けたあと水木さんは知的障害の男性を主人公にした落語と芝居を、二度三度にわたって聴いたり、観劇したりしたのだという。どうりでこの映画のセリフは、神経がすみずみまで見事に行きとどいてあざやかな切れ味をみせていた。これはそのなかの一つにすぎないが。

阿武田駅前（戦時中のシーン。出征兵士を送る軍歌の歌声をバックにして）

清「戦争に行くと、命をとられるのだな。命をとられると死んでしまうからな。人間の一番大事なものは命で命より大切なものはないいな」

いっちゃん「わかってら、そんなこと……お前も征くんだぞ」

清「死ぬのは、何より一番つらいな」

いっちゃん「男？　そいでも、あんた」

清「はい、男に生まれて損したな」

なべさん「死ねば、靖国神社に祀られて神様になるんだぞ。勲章ももらえるんだぞ」

清「普通に死ねば仏様で、戦争で死ねば神様になるんだな——ふしぎだな」

左様、戦時下日本にあっては、戦死すれば神様になるとだれもが思いこまされていた。それが正常であって不思議と疑うものはひとりもいなかった。いまになって考えると、じつは山下画伯こそが正常であって、山下清を少々足りない人とみなしていた大多数の日本人のほうが〝知的障害者〟であったといわざるをえない気持ちになっている。つまりあのころは、黒澤明のいうように「人間が人間でなくな」っていたときなのである。『墨子』の非戦論の根本も、結局はこの「非人間的になるなかれ」につきるのであるが、もっと具体的に戦争の正体というものを墨子は暴《あば》きたてるのである。そして戦争というのはまさしく天の意思にそむくものだと弾劾する。オイオイ、また、「天」がでてくるのかよ、と敬遠するなかれ、である。いまの科学技術万能の、非人間的な殺戮だけを目的とする武器がさかんにつくられている時代、人間の無制限の慾望と理不尽な行動とを抑止し得るのは天しかないのである。地球を破滅させる大いなる天罰が下る前に、われわれ地球人は奮闘努力して理性と寛容と善意と冷静さとをとり戻さなければならないのである。

「非攻」篇〔下〕で墨子は絶叫するかの如くに説いている。我流の飜案でいく。

「(いまの王公大人どもは戦争を起こして) 他国を併呑し、他国の軍隊を殲滅し、他国の万民を残虐に殺戮して、古代の聖人たちがつくってくれた秩序を、へっちゃらで破壊している。彼らはこうした卑劣な手段で、天意にかなうと思っているのであろうか。

天の生んだ人民を無茶苦茶に駆りたて、天がつくった都邑《とゆう》を攻略し、天の子である人民を刺し殺し、神々が降り給う形代《かたしろ》を壊し、社稷《しゃしょく》を破砕し、天に捧げる動物や山海の珍味を掠奪して屠殺すること、それが戦争というもの。このような悪業は、断じて天意にかなうものではないのである」

これが戦争というものだ、と墨子はいうのである。

ちなみに「社稷」とはどちらも神の名である。社は土地の神であり、稷は穀物の神。ともに国家の祭祀の代表的なものであるゆえに、社稷といえば転じて国家そのものということになった。戦時下の日本においてはこの言葉がしきりに使われ、われら少国民の耳には大日本帝国の根元を意味するもののように響いた。「社稷を守らんがためには生命を喜んで捧げねばならぬ」と。単に国家というよりも社稷といえばより尊く厳《おごそ》かな重みを、たしかにともなっていた。その重さにくらべればわが生命なんて鴻毛《こうもう》よりも軽《かろ》しと心得ねばならなかったのである。言葉というものは、軽そうに思えてじつは途轍もない重さをもつものなのである。

戦争は非道なものなり

「非攻」篇〔下〕の後半では、戦争が天の利にそわない愚行であるとともに、われら民草にとっては一文の利にもならないことが、例によって具体的に説かれている。こっちのほうがよりピンとくる。読み下してみる。

「攻伐を好む国、もし中《ちゅう》の師を興さしめば、君子は数百、兵は必ずやそれ数千、徒卒は十万ならん。然る後に以て師を動かすに足り、久しき者は数百、速やかなる者も数月なれば、是《こ》れ上《かみ》は治を聴くに暇《いとま》あらず、士はその官符を治むるに暇あらず、農夫は稼穡《かしょく》するに暇あらず、婦人は紡績織紝《ぼうせきしょくじん》するに暇あらざるなり。則ち是れ国家を失い、百姓務めをうるなり」

その昔、中学校で漢文を叩きこまれたものとしては、「好攻伐之国、若使中興師、……」とあるのを「攻伐を好む国、もし中の師を興さしめば、……」と朗々と（？）読みあげるのはまことに楽しいが、文語体になれないいまどきの人には珍紛漢紛《ちんぷんかんぷん》、何のことなるやさっぱりならんか。それにこれが正しい読みかどうか自信もない。それでまたしても我流の飜案で。

「いま侵略戦争を善しとする国があり、かりに中程度の規模の兵力動員を行うものとしよう。将校級のもの数百人、下士官級のもの必ず数千人、歩兵にいたっては十万の多きを数え、これによってはじめて軍隊を出動させることができる。その出征の期間も、長いものは数年、短いものでも数カ月を要する。そのかん、君主は政治に専念するゆとりなく、士（官僚）は行政の事務をとるゆとりもなく、農夫は耕作する暇《ひま》もなく、婦人は紡績織布に精出す余裕もない。当然のこと、国家はその統率の力を失い、民草はなさねばならぬ本務をおろそかにすることになるのである」

事実、太平洋戦争下のわが大日本帝国がそうであった。働き手はすべて戦場に赴き、内地に残るのは老人と女性と子供ばかり。数え十五歳になった中学校二年生以上の男女は、勤労動員令で工場に農村に漁村に山林にひっぱりだされて、昼夜をおかずガンガン働かされた。勉強なんか一時間もしなかった。そのときの最年少の中学二年生がわたくしなのであるが、それがいまはもう満八十歳の頭がカラッポの老耄《おいぼれ》となっている。想えば遠い遠い昔のこと、こんなとき往時茫々と老耄はつぶやくのみなのである。

いい忘れた。このとき若き女性たちが、赤紙一枚でひっぱられて若い男のいなくなったあらゆる職場に、白紙一枚でひっぱりだされて、男まさりの、目を瞠《みは》るような働きぶりをみせた。これが戦後日本の男女同権の基《もとい》をつくり、もって靴下と何とやらの標語のできたゆえんであることを。まったく禍福はあざなえる縄の如し、国家にとってはともかく、日本の女性にとってそれははたして福であったか、それとも……。

『墨子』に戻る。さきのつづきの我流飜案を――。

「その上さらに、侵攻の途上で車馬が消耗するのをはじめとして、輸送部隊の運ぶテントや帷幕《いばく》の類、全軍の糧食、甲冑兵器などの装備など、わずか五分の一でも前線にたどりつけば、まだよい方としなければならぬ。その上さらに、侵攻途上での将兵の損耗、かつ兵站《へいたん》線が延びに延びて、糧食の補給が跡絶《とだ》え、飲食もままならず、このため従軍してきた兵や雑役夫《ざつえきふ》たちは、飢えや寒さや疫病にかかったりで、道路わきの溝《みぞ》に転がって死ぬものが数かぎりなし。こうして戦争が民草に不利益をもたらす度合いは大きく、そのことは天下が甚大な損害をうけるのと同じといわなければならない。にもかかわらず、侵略主義者や戦争狂はさも愉快そうにこうした侵攻をつづけている。これすなわち天下の万民を虐殺し、滅亡させることを楽しんでいることにほかならぬ。どうしてこれが非道でないといえようか」

ここにわたくしが「侵略主義者や戦争狂」と記したのは、もちろん『墨子』の文章にはない。いつものとおり「王公大人」と書かれている。それをあえてそう飜案したのは、そのほうが現代的でわかりやすく、また筆を運びながらわが心のうちに激するものが生じてきたからである。しかし、墨子がよみがえって今日生きてあれば、きっとそう記すにちがいないと確信している。決して大仰な書きようではない、とも。

兵站無視の作戦

また、「兵站線が延びに延びて」とした部分も、『墨子』では「道路遼遠」となっていて、意訳しすぎているかもしれない。これも太平洋戦争の戦訓がいくつも頭にあるからで、それほど間違っていないと考える。かつての戦場は、ガダルカナルも、ニューギニアも、インパールやミートキーナも、まったく日本内地からみれば「道路遼遠」どころではない地球の果てにあった。軍は作戦上の常識として攻勢の終末線ということを常に念頭におかねばならぬことになっているが、それを無視して日本の陸海軍は侵攻につぐ侵攻と戦線を拡大していったのである。補給など考慮にいれることもなく。

ここに厳粛なる事実を語らねばならない。大本営の学校秀才的参謀どもの机上でたてた作戦計画のために、太平洋戦争において陸海軍将兵（軍属も含む）は二百四十万が戦死した。このうち広義の飢餓による死者は七〇パーセントに及ぶのである。あまりに手をひろげすぎたために食糧薬品弾丸など補給したくても、とてもかなわぬお粗末さ。わが忠勇無双の兵隊さんは、ガリガリの骨と皮となって無念の死を死ななければならなかった。

あらためて考えるまでもなく墨子は紀元前五世紀の人、ということは『墨子』に書き残されている悲劇的な事実は、いまから二千五百年前にたしかに行われていたことになる。春秋・戦国時代、広漠たる中国大陸では攻略軍の兵站が延びきって、道路わきの溝に転がっている兵士の死骸など日常茶飯事であったのであろう。それと同じことが二十世紀の日本においてはいたるところで行われていたのである。そのことを思うと、人類とは永遠に同じ愚行をくり返すのかと、真に情けなくなってくる。その一例をまたしても、あえてあげることとする。

太平洋戦争において、ビルマ（現ミャンマー）に侵攻した日本陸軍は、烈・祭・弓・菊・龍の五兵団から成っていた。昭和十九年の年が明けたとき、それまでの主任務たる防衛方針をやめ、ビルマ方面軍司令部は突如として大攻勢に転じ無理を承知でインドの要衝インパール攻略作戦をはじめた。烈・祭・弓兵団が西へ西へと進撃を開始、残りの菊・龍の二兵団はこの主作戦を成功させるため、寡兵をもって背面守備の持久作戦を命ぜられた。ところが、戦いの神は奇妙な偶然を用意していた。最新装備によって整備されたイギリスとインドの連合軍が被占領地域奪回作戦を開始し、戦車や航空機を総動員しての大軍をもって、菊と龍に襲いかかってきたのである。

このインパール作戦ならびに支作戦の陣地死守の戦闘は、いずれも糧食弾薬の補給なし、すべて現地調達という無謀さのもとで戦われた。結果としての兵站線の崩壊によって、日本軍が惨たる敗北を喫したことは周知のこととなっている。戦死者のほとんどが疾病と飢餓によるものであった。

北部ビルマのカチン州の州都であるミートキーナ（現ミッチーナー）は激闘一カ月余にして陥落し、守備していた菊兵団の一部の日本軍三千人近くは算を乱して退却せざるをえなくなる。折からの雨季で、退却行は豪雨と泥濘のなかの惨たるものとなった。

ここに一冊の本がある。わたくしがしょっ中といっていいほどとりだしてきて読む貴重な戦記である。当時、軍医中尉として、その退却戦を戦いつつ生きのびた医師にして詩人の丸山豊氏の書いた『月白《つきしろ》の道』。清澄にて詩情あふれる文章、戦記というより長篇叙事詩というべきか。その一部を引く。

「翌々日。脱出部隊は、生彩のないながい列をつくって、雲にかくれた国境のタレンプーム山へ行進をはじめた。その道のべに、ひとり、またひとり、衰弱した兵隊が身をよこたえて、経文でもとなえるような調子で訴えつづけていた。

『どうか、ころしてくださぁい。お願いだから、ころしてくださぁい』

ながい列は、きこえぬふりをして通りぬけてゆく。自殺のための手りゅう弾すら持ち合わせぬ患者である。どうにかここまでたどりついて、ついに力つきたものか、または今朝から運悪くマラリア発作がおこったのであろう。私も、しらぬ顔して通りすぎる」

「しっかりせよと、ことばのはげましを送るばかりで、策をもたぬ私たち。この日、ついに香月軍曹は死んだ。かすれた声で、バンザイをいって。なにへバンザイをいったか、耳を近づけたが、聞きとれなかった。私はつくづくと、戦争にたいする一個の人間の非力を思った。じつに徹底して非力である。しかし私は思いかえすのであった。たしかに一個の人間は砂よりも微弱だが、けっして、永遠に非力であってはならない、と」

長すぎる引用となったが、わたくしは読むたびに励《はげ》まされる。われわれは永遠に非力であってはならない、と。そのためにもいっそう墨子のいうように奮闘努力して、戦争へとつながるような芽を見つけたらどんなに小さなものであろうと、左様、戦後にあのＤＤＴをふりかけられて真ッ白になるまで毎晩のように、パンツの縫目にひそんだあの憎っくきシラミやノミを探しだしてはプチンプチンと爪でつぶしたように、根気よく、叮嚀に、容赦なく、しかし冷静に潰しつづけなければならない、と強く思う。

昭和二十年（一九四五）十一月に採択されたかのユネスコ（国際連合教育科学文化機関）の「憲章」のなかにも、高らかに謳いあげられているいい言葉がある。

「戦争は人の心の中で生まれるものであるから、人の心の中に平和のとりでを築かなければならない」

墨子も「非攻」篇〔下〕のいちばんおしまいの結論のところでこういっている。

「もし心から天下の利のために天下の害を除こうと決心するならば、戦争に訴えて事の解決をはかるということが、まことに天下の大害であることを真に知らなければいけない。いまもし義をなすことを決意し、優れた人間となることを志し、国のため人のためになろうと欲するならば、わが非戦論を非現実的と思ってはいけない、本気になってその実行を考えなければならないのである」

まさに然り、というほかはない。戦争は、ある日突然に天から降ってくるものではない。長い長いわれわれの「知らん顔」の道程の果てに起こるものなんである。漱石が『吾輩は猫である』八章でいうように、「すべての大事件の前には必ず小事件が起るものだ。大事件のみを述べて、小事件を逸するのは古来から歴史家の常に陥る弊竇《へいとう》である」、つまりでっかい事件にのみ目をくれているのはみずからが落し穴に落っこちるみたいなもの、日常座臥においておさおさ注意を怠ってはならないのである。そのつどプチンプチンとやらねばならない。わが父やサン＝テグジュペリのいうように、いくら非戦をとなえようが、それはムダと思ってはいけないのである。そうした「あきらめ」が戦争を招き寄せるものなんである。心の中に難攻不落の平和の砦を築かねばならない。読者よ、戦争をなくするために奮闘努力せざるべけんや、なんである。

おろくとの対話⑥

おろく：もうこれでお終い!?　少々中途半端の感なきにしもあらず、なんじゃないですか。

隠居：ウム、墨子を語って大事な一事が欠けておることは認めねばならぬな。単に今日にいう反戦平和を説いているだけではなく、じつはその裏に、防禦についてのまことに緻密な工夫が墨子にはあったことを伝えねばいかんのだな。たとえば、おろくは「墨守」という言葉を知っているか？

おろく：知ってますわョ。旧来のやり方をそのまま頑冥《がんめい》に守る、そういう意味でしょ。

隠居：ま、いまはそうなんだが、じつは違うんだな。どうもそんな風に本来の意味よりイメージダウンした意味にいまの人はとっておるが、もともとは墨子の防禦すなわち守備の思想からでている言葉なんだ。面白いことに、墨子の墨は、大工が図面を引くために現場でも常に墨壺《すみつぼ》を携帯している、そこから名づけられたんだという説がある。非戦論の墨家たちは敵の侵攻を許さぬのが大事、そのことに全力を傾けた。しかし、万策つきて他から攻撃を受けるようなことになった場合には、鉄壁の防禦線を布《し》くことに奮闘努力した。然り、墨子の味方するのは、いつだって弱いほうだ。そしてその防禦戦の手法といえば、当時は城壁の補強やら堀を深くするやら遮蔽物やら妨害物やらを作らねばならない。それで墨家には大工、左官、石工をはじめ物造りの技術者が勢揃いしていた。

おろく：へェー、墨子のお弟子さんは要するに建築業や土木業の集団なんですか。

隠居：そう、墨子グループは専守防衛の技術者集団であったんだな。しかも、非戦に徹しながらも、侵攻から弱いほうの人びとを守ることにおいて戦闘的な集団であり、規律を守ることのきびしい集団であった。だから、守りにかけては墨家にかなう連中はいなかった。スパイをあぶりだし、偵察を徹底的にやり、新兵器をあみだして意表をつく。守って守って守りぬく。とにかく義を堅守して変ぜざること、それが墨守ということばのそもそもよ。いいかえれば、侵略に対する新機軸を考えての専守防禦のこと、ということになろうか。旧来のやり方をやみくもに固守するなんて意味はどこにもない。

おろく：センセイ流にいいますと、せっかくの墨守をはじめとする墨家のグループの奮闘努力を、旧来の陋習《ろうしゅう》といったとるに足らない意味にしたのは、孔子や孟子や朱子といった儒家たちのなせる業《わざ》、謀略であったということになるんでしょうね。日本人は謀略説好きですから、そういったほうが大受けしますしね。

隠居：ハハハハ、そうかもしれん。なかなかの探偵眼であるぞよ、見事々々。それに、この墨家の防禦のための奮闘努力は、じつは小説家向きの話が多くてな。ホレ、たしか『墨攻』という小説があったじゃろ。作者は誰だったかな。

おろく：酒見賢一さんですよ。

隠居：あれは面白かった。そしてそれがまた漫画にもなり、その漫画を原作とした映画『墨攻』もあったな。

おろく：なかなかよく出来た面白い映画でしたわよ。

隠居：映画といえば、『七人の侍』の、来襲する野武士を迎え撃っての防禦戦。あれはまさしく『墨子』にならったものであったな。堀を深く掘ったり、高い柵をつくったり、百姓を鍛えて兵にして戦うなんて、『墨子』に書かれているとおりのことを、黒澤監督はやっておる。

おろく：そういわれてみれば、ナルホドと思いますね。

隠居：ま、というわけで、オレの出番はこれまで。残りの「備城門」篇とか、「号令」篇とか、トンネル作戦を書いた「備穴」篇とか、奇想天外な防禦戦のほうは小説家諸氏にまかせるよ。歴史探偵の仕事じゃない。

おろく：それじゃ、何はともあれ、終りよければすべてよし、ということにしますか。終了祝いに一杯、といきましょう。このよき日本的習《なら》わしだけは墨守しませんとね、ホホホ。いち利センセイ!!

後口上　墨子の精神を世界に拡げよう

墨子批判をめぐって

さきの第六話「おろくとの対話⑤」にでてきた安野光雅・中村愿《すなお》両氏との鼎談をまとめた『『史記』と日本人』（平凡社）が、その後めでたく上梓されたことはすでに書いたとおり。本書よりさきになったので、すでにお読みの方もあろうかと思う。

そのなかで、司馬遷は残念ながら『墨子』に言及することがほとんどなかったが、『荘子』にはかなり墨子を論じているところがあってそれが面白いことを、わたくしはいくらか滔々として弁じまくっている。念のためにいうが、老荘の思想で知られる荘子は宋の国の出身で、ほぼ孟子と同時代の、やや孟子より後輩の思想家である（前三七〇年ごろ〜二九〇年ごろ）。墨子その人が百年以上も昔に世を去っているせいか、それだけに荘子の批判の鋒《ほこさき》はかなり鋭いものがある。

それをここに写すのも能のない話であるし、原稿の二度売りとなる譏《そし》りを免れないが、要点ぐらいはご紹介してもいいのではないか。荘子はまず墨子を評価する。兼愛と非戦を説き、決して自分から他を攻撃するようなバカなことをしない、それはいいことである。さらに派手派手しくお祭りをして歌いまくったりしないし、死んでも侵略者に降参することもない。お棺はきらびやかなものを作るなんてこともせず、厚さは三寸でいいと……そしてとにかく刻苦勉励、ただ奮闘努力、倹約せよ、とそれを一途に言いつづけている、まことにアッパレである、と。

しかしながら、と荘子はここから批判に転ずるのである。ここは原文の読み下しを。「其の生くるや勤《つと》め、其の死するや薄く、其の道大いに觳《うす》（薄）し。人をして憂《うれ》えしめ、人をして悲しましめ、其の行は為《な》し難《がた》きなり。恐らくは其れ以《もつ》て聖人の道と為すべからず。天下の心に反《そむ》き、天下堪《た》えざらん。墨子独《ひと》り能《よ》く任《た》うと雖《いえど》も、天下を奈何《いかん》せん。天下を離るれば、其の王を去るや、遠し」（「天下」篇。金谷治訳注『荘子』［雑篇］、岩波文庫）

墨子の言うことを墨子自身がやることは差し支えない。しかし、人は嬉しいときはドンチャン騒ぎ、悲しいときはさめざめと泣くものであって、それを人にやめろというのは無理というもの。歌いたいときにも歌えない。哭《な》きたいときにも哭けない。大いに楽しみたいときにも楽しめない。これは人情にはほど遠すぎる。そして、生きている限りは奮闘努力して、死んでもお葬式なんかして皆でほめたたえたりする必要はない、などと墨家が自分たちでいって実行するのはいい、しかし、世の中一般には通用しない。すなわち墨家の主張では結果的には天下を動かすことはできないし、なかなかいいことをいってはいても、実際には天下の役には立たない。荘子はそういいきっている。

もう一つ、もっと墨子をコテンパンに批判している人がいる。日本に亡命したこともある中国近代の文学者郭沫若《かくまつじゃく》その人。その著『中国古代の思想家たち』上下（岩波書店）がそれで、その「あとがき」で郭氏は「若いときには、かれ（墨子）を崇拝したことがあり、かれを任侠の祖とみなし、また非常に平民的で科学的であると思っていた。（……）しかし大体二十年まえから、私の見方は変化してしまった」と書いているように、突如として見方が一転して、可愛さあまって憎さ百倍といった勢いで、強烈な墨子批判の展開と相成るのである。

もっとも、この本は、アニ墨子のみならず、ほかにも孔子、荘子、荀子、韓非子など、当たるが幸いと斬りまくっているすさまじさ。よっぽど郭先生はお偉い方らしいが……。とにかく郭大先生はおごそかにのたまわるのである。

「兼愛する結果としては攻め・乱し・賊《そこな》い・竊《ぬす》むことがなくなり、兼愛しないとなると攻め・乱し・賊《そこな》い・竊《ぬす》むことになる。攻・乱・賊・竊に反対するとはつまり兼愛しないことに反対するのである。だから『非攻』とは『兼愛』の別の言い方にすぎない。それ故に本質的には『非攻』もまた依然として所有権に対する尊重なのである。適当な口語に飜訳すれば、つまり、所有権の侵犯に反対することである」

「人の国を攻めることは実に最大の私有権侵犯に外ならない。これこそ兼愛説と非攻説との中心であり、私有財産権の尊重および私有財産権の保護防衛である。だからこの一連の学説は、決して人を愛することを重んぜず、おのれを利することを重んずるものであって、人道主義からの演繹《えんえき》ではなくて、法律・刑罰による政治への帰納である」

「墨子という大先生は、極端に走りたがる方の天才であるらしく、生活の上でも言論の上でもすべて極端に走りたがり、時にはしばしば自分自身で矛盾している」

蟹は甲に似せて穴を掘るという言葉がある。批評とはつまるところ己《おのれ》を語ることにほかならぬともいう。墨子のいうことは結局エゴイズムとは!?　郭大先生のこのご託宣にはただあきれ返るほかはないし、世に喧伝されるほど郭沫若はすぐれた文学者ではないな、と思うほかはない（それにこの大先生は文化大革命のとき、自分の旧著は間違っていた、すべて焼き捨ててくれ、というたそうである。念のため）。

それに墨子の生きていたときは、何度もくり返すが、差別の厳としてあった封建時代である。中国全土が混濁のただ中にあった。いまの主権在民とはまったく様相を異にする。そのなかにあって墨子は「王公大人」から「匹夫徒歩の士」にまでひとしく語りかけたのである。儒家のいう「一視同仁」である。一方の利害を代弁するような論は一言たりとも吐いていない。いわばこの乱れに乱れた天下全体を救済せんとのでっかい視野と理想と構想とをもつ稀有の人であったとさえいえる。

それにすでにふれたように、墨子はいわゆる任俠の人である。つねは弱いほうに味方しないではいられない。戦国の時代に生きただけに骨太の快男子であったと思われる。口ばかり達者なのちの世の批評家とは根本的に違うのである。そのへんのところを承知していないと勘違いしてしまう。

であるから、さまざまな否定論のあるのを承知の上で、それでもなお、いまこそ『墨子』が読まれるべき秋《とき》とわたくしは確信している。『墨子』が二千五百年前に書かれた面白い古典だから、というだけの話ではない。念のために書いておくが、いまこそ『墨子』を読もうという意味は、いまの日本のこと、人類の明日のことを思うゆえに、なのである。大小の戦乱の絶えることのない現代世界にあって、非戦を説きつづけることは、夢みたいな理想をただ語っているにすぎないのか、とあえて疑問を呈したいからである。

いいですか、たった一発の原子爆弾で広島を潰滅させせたときから、人類は滅亡への第一歩を踏みだしたのです。もともと自然界に存在しないウラニウム235をつくりだし、それを燃料としているのが原子力なのです。根本的に自然に逆らっている。結果的に、天の意思にそむき、自分たちで制御できない〝死の兵器〟を自分たちの手でつくりだしたのです。ですから、核兵器廃絶の道以外に人類の明日はないのです。

なるほど、その実現はまだはるか彼方としても、せめてその第一歩として、「核の先制攻撃の禁止」をまず日本は世界的に働きかけるべきなのです。それだけでも地球の明日のためになる。スタートになる。いまからでも間に合います。東日本大震災での放射能問題を考えただけでも、もし極小の核兵器をゲリラが使ったら、の恐怖の想定は容易にできます。そのためにも、墨子の精神すなわち第九条の精神を単に守るだけでなく、大いに育てあげて、より大きな力のあるものとし、世界にむかって発信しようと、強く訴えているのです。齢《よわい》八十を超えた爺《じじ》いは、小春日をあびながらの居眠りをやめて奮起しているのです。

あとがき

この本は、横浜銀行のPR誌「Best Partner」の二〇一〇年一月号から六月号までに六話、さらに平凡社のPR誌「月刊百科」の二〇一一年一月号から三月号までに三話、それに東日本大震災後に「後口上」を書き下ろしで加えてまとめたものであります。

いまから思うと、二〇〇九年の秋も深まったころ、「前口上」をまさに書きはじめようとしたときでした、わが体調がひどくおかしくなったのは。大きなセキがやたらにでて熱ともいえぬ微熱がつづいて、ただ何となく頭と身体が重苦しいのです。文字を書こうという気になれない。肺ガンではないか。精密検査してもらって異状なし。肺炎を起こしているわけでもない。単なる風邪か、いや、違うねと、医師の指示のもといろいろ薬をかえて飲んだのですが、効果さらさらだになし。墨子の連載をとにかくはじめて、二〇一〇年の元旦を迎えたのですが、さっぱり目出たくもない。

それで困惑のはてに考えました。この年の五月には満八十歳になる。つまり「日は西山に傾くとき」というのに、スポンサーのための仕事なんかこちょこちょやって生命をちぢめるなんてアホの骨頂である。これからはもうおのれがやりたいことだけに打ちこんで、奮闘努力しなければならないときだと。

この本が、「第一話」がすんだあとからやたらと「余談ながら」と話が横道にそれるのは、そのためなのです。墨子とみっちりつき合いながら、『徒然草』ではありませんが、心に浮かぶ「よしなし事」を委細かまわずに書きこんでいって、みずからが大いに楽しんだからなのです。そうしないと書きつづけることができなかった。『七人の侍』はまあまあでしょうが、好きな俳優の小林桂樹主演の『裸の大将』が、筆をすすめているときに頭のなかにひょこッとでてきて、「よろしく」と挨拶されたときには、さすがに自分でもびっくりするほかはありませんでした。読者の皆さんには、いくらかは呆れられたに違いありませんが。でも、墨子とまんざら無関係のわけではなし、といまは弁解させていただきます。

「Best Partner」は六回で、中途半端もいいところでしたが、何とか終りにこぎつけて、そのまま放っぽりなげておいたら、これに目をつけたのが本文中にも登場する編集者のおろくコト山本明子さんです。もったいないから「月刊百科」に書き足りていないところを書け、と強要する。まがりなりにも六話にまとめて〔完〕としたものを、そこに新たに三話も四話も挿入したりひき伸ばしたりは難儀もいいところ、全体のバランスも崩れると断ったのですが、モーレツ編集者魂の持主のおろくは聞き入れません。

「バランスとか出来具合の善し悪しとかは二の次のこと、主題は、いま墨子を読むべき秋《とき》、というところにあるんでしょう。なら、とにかく一冊にまとめて多くの人に読んでもらうべきです」

この説得にわたくしは降参しました。よし、やろうと、とにもかくにも、一冊にまとめることができたわけです。勝手気儘に脱線ばかりの妙な本であるかもしれません。が、わたくし自身はそのズッコケぶりがかなり気に入っております。老耄《おいぼれ》はわがままなもの、と昔からきまっているようですが、わたくしもその老耄の仲間に間違いなく入ったようであります。なお珍病（?）は半歳後に正体が判明、漢方薬で癒《なお》りました。

いま、これを書いているとき、日本国は、震度七の大地震と巨大津波と原発事故によって、未曾有の困難なときに遭遇しています。しかも、その一大事のなかにありながら、それを正しく認識していないのか、「想定外」と称して、この事態を正視しないままやり過ごそうとする関係当局の人びととの安易な態度や、科学者・技術者の社会的責任意識の欠如が、いささか目に余るようにも思われます。

そういえば、岩波書店刊の月刊誌「世界」二〇一一年五月号に興味深い告発の文章が載っていました。いまどき「世界」に目をとおす人は少ないでしょうから、わが田に水を引くようであり、まことに長い引用となりますが、あえてご紹介させていただきます。筆者は石橋克彦さん、まったく存じあげない神戸大学名誉教授、地震学の先生です。

〈半藤一利氏の『昭和史 1926–1945』（平凡社）を読むと、日本がアジア太平洋戦争を引きおこして敗戦に突き進んでいった過程が、現在の日本の「原発と地震」の問題にあまりにも似ていることに驚かされる。「根拠のない自己過信」と「失敗したときの底の知れない無責任さ」によって節目節目の重要な局面で判断を誤り、「起きては困ることは起こらないことにする」意識と、失敗を率直に認めない態度によって、戦争も原発も、さらなる失敗を重ねた。そして、多くの国民を不幸と苦難の底に突き落とした（落としつつある）〉

この一文を読むまでもなく、わたくしもこんどの原発事故は「起きては困ることは起きないことにする」という、かつての参謀本部や軍令部の参謀たちと同じことをやっているなど思っていました。あとから糊塗《こと》しても間に合わない。「想定外」という言葉はまさしく「根拠なき自己過信」と同じことです。

ここはそうした日本の明日の大問題を論じる場ではないのでこれ以上はやめることにします。ただ、このあと注意しなければならぬのは、これからの長く頼りない迷走と全体的な無力感と不安感のつづくなかで、国民のこころのうちに醸成されてくるのは力への誘惑である、ということです。大正の関東大震災のあと間もなく軍靴の音が高くなった、という歴史的事実がそれを証明します。

そのときにこそ、墨子です。われら日本人はひとしく、これまでの文明謳歌のキンキンギラギラをやめて、昔ながらのつつましい生活に戻って、義の尊さをしっかり守りつつ世のため人のために奮闘努力する。これです。それがよき日本再建のための捷径《しょうけい》である、これ以外にはない、と考えます。

二〇一一年四月十日

半藤一利

参考文献

※目をとおした墨子にかんする著書をあげておきます。お世話になりました。

浅野裕一『墨子』講談社学術文庫（一九九八年）
大塚伴鹿『墨子の研究』森北書店（一九四三年）
駒田信二『墨子を読む』勁草書房（一九八二年）
高田淳『墨子』〔中国古典新書〕明徳出版社（一九六七年）
西野広祥『墨子』〔中国古典百言百話15〕ＰＨＰ研究所（一九九四年）
長谷川四郎『中国服のブレヒト』みすず書房（一九七三年）
武者小路実篤『墨子』大東出版社（一九三五年）
藪内清『墨子』平凡社　東洋文庫（一九九六年）
和田武司『墨子』〔中国の思想5〕経営思潮研究会・徳間書店（一九六四年）

［特別附録］

中村哲さんに聞く

——民主主義で人は幸せになれるのか？

聞き手＝半藤一利

本書で「現代日本の墨子」とたとえられた中村哲さん（一九五ページ〜）。アフガニスタンで長年にわたり、医療活動にとどまらず人道支援と復興に携わってきましたが、二〇一九年暮れ、ナンガルハル州ジャララバードを車で移動中に銃撃に遭い亡くなりました。以下は二〇一二年初夏、上京中の中村さんと念願の対面を果たした著者との最初で最後の対話です。

半藤　今日はお会いできるのを楽しみにしていたのですが、もっとがたいが大きい方かと思っていました。

中村　そうなんです。よく驚かれますが、小学校の頃から一番前に立たされていました。

半藤　医療の方はともかく、灌漑工事など、やっておられることを思えば相当の体力がないと、もたないんじゃないかと。

中村　山に登っていたものですから足は強いです。現地ではGPSもヘリコプターもないですし、測量をするには山の尾根を縦走しながら地形をみるしかない。すると地元の若い護衛が「ゆっくり歩いてくれ」と音《ね》をあげるんですよ。「お前たちの国だろう」と言いますが……（笑）。

半藤　相当な健脚ですね。今おいくつですか。

中村　一九四六年生まれ、六十五歳です。

群雄割拠の世界

中村　私は半藤さんから「現代の墨子」などと過分なお言葉をいただきましたが、ご著書（『墨子よみがえる』新書版）を読むまで墨子のことをあまり知らなかったんです。なるほどそういうすごい人だったのかと改めて知りました。

半藤　墨子ほど有言実行、言ったことはきちんとやる思想家は古今東西でも珍しいのでは。首を刎《は》ねられる危険があろうと、非戦のためには自ら現場に乗り込みます。だから中村さん以外に考えられないと。

中村　命は懸けてはいませんが（笑）。でも墨子があまり知られていないのは、歴史の中で意図的に隠されてきたんでしょうか。

半藤　一度、時代にそぐわないのでパタンと消されましたから。非戦・非攻の思想は戦国の時代の為政者などには困るんじゃないですか。

中村　今でも困る人はたくさんいるでしょうね。

半藤　アフガニスタンでの灌漑工事はどれくらいまで進んでいるのですか。

中村　二十五・五キロメートルの用水路が開通して、かつては豊かな村だったのですが、ここ数十年の旱魃《かんばつ》で廃村になっていた三千ヘクタール分が完全に復活しました。新たに末端のガンベリ沙漠という荒野の約一千ヘクタールが開拓中で、それによって四、五万人が住めるようになります。今、その居住空間を作っているところです。また、用水路は単に水を引いてくればいいわけではなくて、排水路を整備しないと塩害などが起きます。その排水路をあと六、七十キロ、小さいものを入れると最終的には百キロくらいになるのですが、それを作る作業が続いています。さらに、あえて分ければもう一つ、治水工事です。アフガニスタンはいわゆる気候変動で一番被害を受けている国の一つなんです。

□はペシャワール会医療サービスの診療所, 事務所

半藤　気候変動というと、温暖化ですか。

中村　ええ。現地一帯の水源はヒマラヤの西の端、標高六、七千メートルのヒンドゥークシュ山脈です。そこの雪が、かつては少しずつ解けて、いわば大きな貯水槽の役割を果たしながら二千万人の人口を潤していたのですが、今や初夏になると急激に解けて洪水を引き起こし、それが過ぎるとカラカラの状態になるんです。ここ二、三十年、その影響で農地がどんどん減っています。

半藤　どうも日本人はアフガニスタンという国は縁がないという印象が強くて、かつてソ連が侵入して、戦乱を起こし、やがて逃げていったことを知っているぐらいで。

中村　日本人にはわかりづらい国の一つです。今の法律とか、民主主義がどうのという現代的な解釈ではとても理解できるところではなくて、いつも隔靴掻痒の感があります。たとえれば司馬遷の『史記』の世界に近いんです。谷が深く、その谷ごとにいろんな部族、民族が割拠してひとつのアフガニスタンという天下をつくっているというのが実態です。

半藤　群雄割拠ですか。軍閥が蟠踞《ばんきょ》して相争うという……。

中村　まさにそうです。ごく最近まで征服戦争すらやっていました。あそこに民主的な政権を中央に立てて、選挙でまとめあげる国など、将来的にもできないと思います。北朝鮮など、私に言わせればわかりやすいです。

半藤　戦争中の日本を思えばいいんですからね。上の方が強いだけですから。周囲の国との国境線での争いというのはないのですか。

中村　あまりないですね。原則としてやられなければやらない、不可侵・不可被侵です。ただ村同士が戦うんですよ。昔の日本で稲刈りの時期は戦《いくさ》をしなかったのと似たような、彼らなりのルールはありますが。

半藤　宗教の違いなどが原因で？

中村　いえ、宗教はイスラム教徒が一〇〇パーセントに近くて、その宗教的な掟《おきて》、ルールの中で戦っているんです。

半藤　すると権力闘争とか、物資獲得闘争ですか。

中村　そういうことです。ある村が別の村を征服して支配下におき、より強い権力を頂点としてピラミッド状に中央権力をつくっているという関係です。

半藤　灌漑工事はどこの国でというより、どこの場所でやるという感じですね。

中村　国家ではなく、ある「おクニ」という地域でやっているというのが正しいですね。地理の教科書では一応、アフガニスタン国として分類されていますが、事実上はパキスタン北部とアフガン東部・南部は一続きで、文化、民族、言語、慣習も共通しています。言

沙漠化していた土地（上）が、用水路により田畑として甦った（写真提供＝ペシャワール会、以下同）

語に関しては三十種ほどあって、ただ大きな国語としては二つ、ペルシャ語とパシュトゥ語です。

半藤　先生は二つとも話されるんですか。

中村　ええ、ただパキスタン北部はウルドゥー語が入ってきていますから、三つの言葉が話せればだいたい大丈夫です。

半藤　（笑）やっぱりわかりづらいです。

日本人の男がすたる

半藤　そもそもどのようにしてアフガニスタンと関わるようになったんですか。

中村　昔から昆虫採集が趣味で、山岳会にいた一九七八年、ヒンドゥークシュ山脈のティリチミール遠征隊に加わってアフガニスタンを初めて訪れたんです。日本のモンシロチョウの故郷があの辺で、調査隊というほどでもないのですが、いっぺんこの目で見てみたいと。その時は医者でしたが、ともかくついて行ってみて、いつかここに何年かは暮らしてみたいと思ったんです。そこに日本キリスト教海外医療協力会から「現地で働いてくれないか」という話がきた。まったくの偶然でした。喜んで行ってみると、退屈しない所と言えば聞こえがいいのですが、次々と問題が起こる。それも自分がいないと収拾がつかないことばかりなんです。

半藤　それはいつのことですか。

中村　一九八四年です。ソ連が七九年十二月に入ってきて、撤退したのが八九年二月ですから内戦の真っ最中でした。パキスタン政府による「ハンセン病コントロール五カ年計画」というもので、ハンセン病の治療が仕事なのですが、患者が数千人いるのにベッド数はわずか十六床。器具なども何もない。ハンセン病は単に薬を投与すれば治るものではなくて、整形外科、形成外科、皮膚科、神経病学、リハビリなどいろんな局面の治療があります。それがほとんどできない状態です。消毒器機一つなくて、自分で高圧釜を買ってきてその中でガーゼを消毒したり、オーブントースターの中で燃えない程度に熱を加えたりしました。もともと五、六年で日本に帰るつもりが、そうもいかず、家内が「あんたいつまでおるんだ」と（笑）。最初は一緒に行ったのですが、子どもの教育の問題がありまして、やはり親心としてはアイデンティティのない人間にさせたくなかった。また、いわゆる上流階級の子弟が通うインターナショナルスクールに落ち着いてしまうと、地元にいるのにかえって地元への理解ができなくなる、下の方の人を馬鹿にするようになるんです。

半藤　階層がはっきりしていると、そうなるんですね。

中村　ええ、これは教育に悪いと思いました。それで家族は日本に残すことにしたのですが、私が居続けたのは結局、去ってしまうと後悔するんじゃないかと思って。自分が解決できる問題があるのに、それをほったらかして逃げるのはどうも……。今の若い人にはわからないかもしれませんが、日本人として男がすたるといった、シンプルな感覚ですよ。

半藤　任侠だなあ（笑）。そこが墨子とおんなじなんですよ（笑）。

中村　家内も頭の古い人間なので、家を取り仕切る者としては寂しいけれど、それなら仕方がない、というのでとうとう三十年近くなった、というのが実態です。墨子のように立派な思想があって続けてきたわけではないんです（笑）。

半藤　墨子だって最初から非戦・非攻などの考えがあったわけじゃないですよ。もとは儒教の徒です。ところが戦争ばかり起こる、無辜《むこ》の民が虐殺される、これは大いに間違ったことをやっているんだと、ようやく本気になって考えはじめたのですから。

中村　活動が長びいたきっかけは、一九九八年に「ハンセン病根絶」が宣言されたにも拘わらず、患者は減るどころか増えている。ハンセン病患者を多く抱えれば、国家が後れているという印象を「国際社会」に与えることになるんですね。それで公的筋が「ハンセン病は消滅した」と宣言したのですが、とんでもない、現場ではどんどん患者がやって来る、何千人もいる。「国際社会」というのは眉唾《まゆつば》だと初めて知りました。

半藤　成果が上がったということを世界に一応、示す必要があるんですね。

中村　確かにハンセン病は統計上ゼロなんです。調査機関や診療所が閉鎖されれば発生率は当然ゼロですから。ハンセン病ではなくて診療所が根絶されたわけで(笑)、こんなことがまかり通ったらお天道様が西から昇る。ペシャワール会とも協力して現地に土着化してしまう方針を立て、一九九八年、ペシャワールに病院を建てたんです。これは十年、二十年では収まらない、呼吸が続く限りやらんと仕方がないと。それが大きな変わり目でした。

ところがさあ今からという時、激しい旱魃に襲われたのです。前から徐々に進行はしていましたが、まとまって来たのは二〇〇〇年夏でした。まわりの村が、実際に消えていくんです。雨が絶えることのない日本では考えられませんが、現地はオアシス的農村なので、水源が涸《か》れると村は一挙に全滅する。それがアフガン中にどんどん広まっていったわけです。二百万人、三百万人の単位で、せっかくソ連が引き揚げて故郷に戻った人がまた叩き出され、再びパキスタン側に流れていきました。その経済難民を、アメリカはあたかもタリバン政権による政治的迫害から逃れてきたと、国際的なプロパガンダに利用したんです。

半藤　そもそもあの一帯はイギリス領だったんですよね。

中村　はい、パキスタンもイギリス領インドの一部でしたから、英露協商でロシアと国境を接しないように、アフガニスタンは緩衝国として残されたんです。だから妙な長い形をしています。パキスタンとの国境も、英露の山分けの際、イギリスの勢力はここまでと引かれた線で、住民の生活圏などはまったく無視した国境なんです。

半藤　有無を言わせず、ですか。

中村　はい。住民の方も近代国家の概念がわからず、支配者が争いを起こしてくれなければそれでいいという感覚だったのでしょう。

半藤　主がどう変わっても自分たちの生活は大して変わらないと。

中村　今でも、都市部を除けばそうです。彼らの世界観は面白いんですよ。アフガニスタンが世界の中心にあって、北にロシア、東に中国、その彼方に日本があって、そこはアフガニスタンと同じようにいろんな地域の連合で成り立っていると思っているようです。一方で、アフガニスタン人は日本のことをよく知っているんですよ。

半藤　先生のおかげじゃないですか。

中村　いえ、その前から。一世代前なら日露戦争と広島・長崎のことは必ず知っています。日露戦争では、小さな島国が宿敵ロシアに勝ったというので大いに尊敬したらしい。東郷平八郎とか、こちらが忘れかけた名前まで覚えてます。

日常にとけこむ宗教

半藤　あちらではモスクも建設されたそうですね。

中村　モスクは地域の実際の行政の中心です。外国軍が進攻してきた時、反乱を起こすかどうかということまでモスクに集まる地域の長老会が決める。それほど、よく言えば自治性が強いんです。たとえば十五万人もの難民が戻ってくれば、一つの郡がまるまる復活することになります。ばらばらの地域から十年以上も故郷を離れた人が戻れば、その間にいろいろな変化があり、物事がぎくしゃくして動かないことも多い。そういう調整の中心となるのがモスク、そしてその教育のかなめがマドラサです。

半藤　マドラサとはどういう意味なんですか。

中村　モスクに附属する学校施設です。日本でいうミッションスクールに近いでしょうか、私は小さい頃に『論語』の素読などをやらされましたが、マドラサの生徒はコーランを丸暗記しながら国語、算数、理科、社会、さらに物理や英語なども学びます。

半藤　コーランはやはり丸暗記ですか。

中村　ただし意味はどうでもいいんです。コーランそのものがありがたいわけで、それが厳かに響いてくれさえすれば。『論語』の場合はどうしても文章の解釈が重視されますが、コーラン（アラビア語）は音楽的に聴くもの、リズムであって、解釈しはじめると、「これは男女平等になっていない」とかいろんな意見の相違が出てきます。

半藤　へえ、コーランは解釈しない。

中村　しなくはないのですが、都合のいい所だけ聴き取って解釈するんです。全訳も出ていますが、内容に切り込むという考え方は神学者の間だけで、一般の人にはありません。キリスト教も、カトリックのミサはラテン語で、ふつう意味などわかりません。ただありがたいと思うからありがたいわけで、そこに聖職者が来て時代に合った道徳律を説く。それはそれで成り立っているからいいわけです。

半藤　日本人は無宗教の人が多くて、宗教といえば、教会に行って賛美歌を歌って、というキリスト教のイメージが強い。イスラム教にも似た習慣があるのですか。

中村　そういう形式もありますが、一般の生活にとけこんでいます。われわれもお正月に初詣に行きますし、仏壇に御斎《おとき》をあげ、線香を立てる、そうしないと気持ちが悪いところがある。それと似たような感じです。コーランの文句や「神は偉大なり」の言葉が人びとの生活律に入っている。日本人も、神社仏閣が生活にとけこんでいた時代、それを宗教だと自覚していなかったと思うんです。今でも受験生などは神頼みしますね。血縁と地縁がすべてといわれるアフガニスタンでも、隣人だけではなく皆のために何かをやる、貧しい人が救われるといったことには誰もが無条件に感動します。宗教とはそういうところをつかんだ一種の規範、日常生活のなかで行動を決めていくある強力なもので、その根っこのところはイスラム教でもキリスト教でも仏教でも同じじゃないでしょうか。ただその地域の歴史のなかで独自のスタイルができ、姿を変えているだけではないかと。

半藤　ただし天皇教のような、後からつくったものはだめなんですよね。人びとの血とな

ペシャワール会が建てたマドラサ（学校）で学ぶ子どもたち。地元の人たちはマドラサができたことで「自由になった」と喜んだ

り肉となっているものでないと。

中村　その中に民族的なエゴイズムは当然入ってくる、それが文明の文明たるゆえんですが、それでも自分がやられて苦しいことは人にもしてはいけないといった普遍的な気持ちはやはり共通してあって、そこが異なる他者との相互理解につながっていくんです。

それで二年前になりますが、われわれはマドラサも建てたんです。実はマドラサで勉強する学童（神学生）を単数で「タリーブ」、複数で「タリバン」と呼ぶので誤解を生み、地元の人は必要性を感じているのに誰もびびって建てなかった。タリバンは悪のかたまりで、ましてそれを養成するマドラサはテロリストの養成学校じゃないかと外国筋が決めこんでいた。われわれはそういう先入観がないので建てられたんですね。

アフガニスタンの武士道

半藤　今回のご帰国は久しぶりですか。

中村　正月以来です。腰を痛めまして、静養も兼ねて戻ってきました。

半藤　アフガニスタンからの直行便があるんですか。

中村　いえ、ふつうはパキスタンかドバイか、周辺諸国の飛行場を使います。待ち時間があるので通常二日かかりますね。飛行機が遅れると三日かかる。いっぺん、葬儀があったので急いで帰ろうとしたのですが、山の中にいたので一週間かかりました。歩いて移動せざるを得ないところが今も少なくないんです。

半藤　腰を痛めたというのは。

中村　今やっている河川工事は、水が下がる秋以降でないとできない、突貫工事なんです。ただ並大抵の川じゃない。ヒンドゥークシュ山脈の東南側の尾根の水を全部集めた、インダス川の支流では一番大きな川の一つで、水位が落ちている冬の時期に十分な護岸工事をしないと取水堰《ぜき》が作れません。それで少し無理をしたんですね。

半藤　今、現地に残っているのはお一人なんですね。

中村　現場にいる日本人は私一人です。それに事務に一人です。

半藤　やはり現代の墨子は、他の人までは犠牲にできない（笑）。

中村　治安がかなり悪いですので、かえって足手まといになる局面があるんです。現場でそれに気を使っていると仕事が進みません。ならば自分でやろうということになる。もちろん私一人ではなく、現地には六百人の作業員がいて、その先頭に立ってやっているのですが。

半藤　その六百人は皆、同じ種族ですか。

中村　パシュトゥン系が圧倒的に多いですが、種族は混じっていますね。ただわれわれが相手にするのは地縁で、異なる民族でも長い間に「まあまあ」という関係ができあがっている。それを集めてやるので、大したトラブルはありません。

半藤　ははあ、地縁のある人びとは仲がいいんですね。戦国武将のようにお互いに睨み合っているのを集めると大変ですからね。

中村　折り合いのつけかたですね。中堅クラスは忠誠を誓っていますけれど、その下になると、上のどちらが強いかをじっと見ている感じです。領主の言うことは下の人は一応、聞かないといけませんので、戦争がはじまれば当然、馳せ参じます。ところが日常生活でいちいちそんな状態では百姓仕事もできませんから、現場ではお互い仲良くやってます。

半藤　今も現地は戦争中ですよね。でも、どことどこが戦争しているのか、どうもよくわからないのですが……。

中村　本人たちもよくわかっていないと思います（笑）。彼らはほぼ一〇〇パーセント反米的なのですが、米軍の傭兵になることには抵抗がないんです。

半藤　戦国時代の足軽と同じですね。お金のためというか、生きるために。

中村　ふだんはアメリカなんて国は消滅させなきゃとか悪口ばかり言いながら、雇われるのは構わない。ですからどのレベルでの敵かという話ですよ。米軍も早く帰りたいから、さっさと近代的な軍隊を養成して治安権限を委譲したいのですが、育てたはずの国軍兵士が米兵を殺傷する事件が立て続けに起きています。現地では外国兵はなるべく危ない所には出させないので前線に立つのはアフガン人で、彼らにすれば虫けらのように扱われると当然おもしろくない、堪忍袋の緒が切れて米兵を撃ち殺す。そこでおかしいと思うのは、すぐに二分法で反米勢力・親米勢力と決めつけること。そんな考えでは片付かない話なんです。敗戦直後に私の祖父（母方の玉井金五郎。息子の作家、火野葦平の『花と龍』でよく知られた人＝編集部註）が言ったことですが、「これからはアカの天下になる。アカの親戚である中村のような所も大切にしておかなくてはいけない」（父の中村勉は社会主義者だった＝同）。アカの天下になろうと、クロの天下になろうと、玉井家が生き残ることが先決だったわけです。人がそういう力学で動くことは、今の日本人にもわかりにくいでしょうし、個人主義で鍛えられたアメリカ人にはもっとわからないんじゃないでしょうか。

半藤　日本では戦国時代、「一所懸命」といって、自分の土地を守る、身を守るためには誰についていても構わないという気分があったでしょうが、江戸時代になって、それではあまり情けないので武士道というものをつくったんですね。侍のけじめをつけようとした。アフガニスタンには武士道なんてないのでしょうね。

中村　いや、あるんです（笑）。「パシュトゥヌワレイ」（パシュトゥン人の掟）といって、わりと細かな規定があります。敵とは堂々と戦わなくてはいけないとか、肉親、特に父母を守るためには命懸けにならねばならない、要するに忠孝道徳ですね。ただ運用についてはかなり弾力的です（笑）。鉄砲がない時代に作られたのですが、名誉の刀傷といいますか、傷が背中側にあると逃げようとして斬られたかもしれないから不名誉になり、逆に向う傷ならいいんです。

半藤　日本でもまさにそのとおり、向う傷は名誉の負傷です。

生きることの意味

中村　ソ連時代はゲリラ部隊がいて、何度も戦闘場面に遭遇しましたが、あの時「撃つな」という方が勇気が要って、ぶっ放すことは本当に簡単だと思いました。何度も言ってきましたが、平和には戦争以上の努力と忍耐が必要なんです。また、かつて米軍の空爆を「ピンポイント攻撃」と言っていましたが、あれは実際は無差別爆撃です。しかも相手は飢餓状態です。あの時、お腹を空かして親の遺体にすがって泣いていた子どもたちが今、二十歳前後になりました。仇討ちは当然起きます。

半藤　戦争が日常茶飯事となると、命の感覚というのはどうなんでしょうか。

中村　死に対する恐怖がないわけではないのですが、自分が死ぬことで誰かが助かるといったことを名誉に感じるんです。そして仇討ちですね、親の仇は必ずとる。そうしないと不名誉になります。

半藤　仇討ちは合法なんですか。

中村　近代法では殺人になるのでしょうが、あちらでは褒められることが多い。警察署も表向きは殺人事件といいますが、お咎《とが》めはありません。うちの作業場でも何年かに一度はあります。沙漠に血溜りがあるので驚くと、やった人が「父親が三十年前に殺されたので」と。殺したのがうちの作業員だったらしい。皆も一応、お悔やみを言いますけどね。

半藤　日本では、たとえば弟の仇を兄が討つのはだめで、逆なら許されていました。上の人が下の人の仇を討つのは違法であると。

中村　そういう細かい規定はアフガニスタンではないですね。そのへんは、ある意味で健全な感覚というか、お嫁さんが旦那の仇を討ってもいいんです。罪もない愛する人を殺された仇、ということで皆が納得します。

半藤　まさに義理と人情の世界ですね。

中村　その通りです。われわれも赤穂浪士をどこか立派だと思いますよね（笑）。

半藤　あれも違法なんですけどね。それはともかく、じつは先日、前立腺の検査で入院したんです。検査なんていう言葉とは裏腹に、もうひどいもんで、下半身麻酔をしてまる一日管につながれ、三食抜きでベッドに縛りつけられたのも同然の状態でした。その時、人間が生きるというのは何なのかと考えてしまいました。今日はお医者さんとしてのご意見をちょっとお聞きしようと。

蛇籠を積んで護岸する作業員（2003年）

護岸した場所に植えた柳が、挿し木から7、8メートルに成長した（2007年）

中村　最近は医者をやっとりませんが（笑）。確かに、二十年ぶりくらいに病院に一時勤務した時、これはもう医療は進歩しない方がいいかもしれないと思いました。

半藤　素直な生命は大事にしなきゃいけませんが、人間を生かすためにどんどん医学が進歩して、体にいろんなものをくっつける。無理をして生かされる。こんなことを本当にするべきなのかと不埒なことを思ったんですね。

中村　それはある程度、根拠のある話で、いま病院の経営が成り立っているのは、死ぬ間際の数週間、そういう管をつけまくって病院に置いておけば金が入るんです。いろんな薬を使ってたくさんの機械を動かす、それで経営が成り立つ。アフガニスタンはそれと逆の世界です。生存するだけの生命というのは考えようがない。だから親の仇と刺し違えたり、自分の死が近しい人のために生かされる。生きる意味というのは隠されているじゃないですか、人はなんで生きているのか。それは人の言葉で明瞭に規定できないが、厳としてある。そこに宗教が介在する余地があります。

アフガニスタンの人は、なにはさておき家族を大事にします。彼らの幸せは、三度のご飯がちゃんと食べられて、家族が一緒に故郷で暮らせること、それ以上の願望をもっている人は少ないですよ。

半藤　日本人は農耕民族ですから土地を大事にしますよね。アフガニスタンではそういった感覚はあるんですか。

中村　土地に対する執着心は日本人以上です。争いごとの原因は「金、土地、女」といいます。

半藤　女もですか。

中村　女性に対して無礼を働く行為は許し難いんです。ある意味で紳士的だと思いますが、たとえば外国軍兵士が捜索にやって来ても、女性の部屋にずかずか入るなどということはあってはならない。それをやったものですから、反感が一気に広がったんです。

半藤　女性を大事にし、家族を大事にし、仇討ちは立派——なんだか一時代前という感じですが、男らしい世界ですね（笑）。アフガニスタンにいる時は、日本の情報は入ってくるのですか。

中村　最近はインターネットでニュースの配信がありますので、ときどき見てます。でもたとえばＡＫＢ48などは届きません。配信されていても、政府がカットしているでしょう。見せると反乱が起こりますから（笑）。

半藤　そのへんは政府が選択しているわけですか。

中村　騒ぎが起こらないようには努力しているみたいですよ。アメリカの傀儡《かいらい》とはいえ、アフガン政府も国民感情を刺激したくはないんです。実際、「男女七歳にして席を同じうせず」の世界に近くて、日本に帰ってくると、私は数日間、目のやり場に困ります（笑）。あちらでは女性と面と向かって話しますと、「あの人は妻子があるのに」と噂になるんですから。ただ、歴史にもまれただけあって、大人ではあるんです。アフガン人もけっこう世界に散っていますが、それぞれの国のルールに従って生きています。ところが自国に戻れば自国のルールに従う。その点は国際的だと思いますね。

半藤　あちこちで学んだ若い人たちがアフガニスタンに帰って、国を変えようという意識はもたないんでしょうか。

中村　それをしようとして反乱が起こるんです。基本的に、あの国は変わらないんじゃないかと私は思っています。少なくとも農村部が変わるには数世紀かかるでしょう。それ以前に、西洋的な国家システムの方が先にいかれてしまうことも、充分あり得ます。いま盛んに見える中東地域の「革命」も、日本で報道されているような変化とは思えません。都市化された階層や部分的に限られた上澄みの動きで、住民の実態を考えると、どこまで本質的な動きなのかと疑問に感じます。

日々の生活

半藤 現地ではどのような生活をされているんですか。
中村 朝は日の出とともに起きます。アザーンといって、夜明けの祈りがあるんです。
半藤 先生は祈らないんですよね。
中村 イスラム教徒ではないので……入信すると酒も飲めなくなりますし（笑）。
半藤 お好きなんですか。
中村 真から好きではないですけれど、タバコものめなくなって窮屈じゃないですか。でも時々、なんで入信しないのかと聞かれます。単身赴任じゃ淋しいだろう、入信すれば（奥さんは）四人までいいんだぞ、と（笑）。そんな、一人でももてあましてるのに四人もおったら家庭争議でたまらんですよ。

ともかく朝五時頃に起きて六時には現場に出て、六時半頃から働きます。昼食を挟んで午後二時で切り上げ、作業員を帰す。野外ではそれ以降、暑くて作業ができないんです。帰ってくると夕寝をして、夕飯を食べ、翌日のための設計図を書いたりして寝る、ほぼ毎日この繰り返しです。

半藤　風呂には入らないのですか。

中村　それは必ず入ります。向こうではふつう風呂はなくて、銭湯はありますが、それもたいてい一ヵ月に一回行くかどうかで、川に浸かっている人が多いみたいですね。私はどんなにくたびれていても風呂に入らないと眠れません。現地の人が一日五回も礼拝をするのをわれわれは不思議に思いますが、日本人が必ず風呂に入ると聞けば、彼らには不思議でしょうね。

半藤　食事などは現地のものですか。

中村　そうです。主食はナン、野菜は非常に豊富で、スープにしたり。肉は一週間にいっぺん出ればいい方で、ふつうの人は食べる機会はほとんどありません。

半藤　禁じられているわけではなくて。

中村　豚以外は大丈夫です。ただし清めないとだめです。でも肉が毎日食べられるのは大金持ちで、たんぱく質は豆類でとります。貧富の差が甚だしいんです。

半藤　中間がないんですね、日本は中間層だらけですが。晩酌はされるんですか。

中村　いやあ、やりません。それをやると現地にはおれないでしょう。やはり郷に入っては郷に従え、礼儀というものがありますので。

半藤　意志が強いですねえ。
中村　いやいや、仕事ができないじゃないですか。たかが酒一杯で仕事がつぶれてしまっては何にもならない。
半藤　責任感がありますねえ（笑）。やはり墨子の徒です。
中村　寄付で成り立っている仕事だから、負担でもあるんですよ。どこかの出資家が黙って使えと何億円もくれたのであれば、ちょっと贅沢してもいいかなと思ってしまうかもしれませんが、年金暮らしのお年寄りがなけなしの千円を寄付してくれたりする、やはり貴重ですから無駄にしたくない。ある種プレッシャーにはなりますね。
半藤　そういうプレッシャーのなかで、息抜きはあるんですか。
中村　クラシック音楽の鑑賞と昆虫観察はちゃっかりやってます。でも昔みたいに捕虫網を振り回すというのは、子どもだとサマになりますが、白髪頭の初老の男がやると変人と思われますから（笑）。
半藤　まあ先生のお歳でこれほど苦労をされていれば、それだけで変人では（笑）。
中村　最近はデジカメで現場写真を撮るのですが、けっこう珍しい昆虫がいるんです。植物を写すふりをして、こっそり虫を撮ったりしています。

江戸時代の技術を活用

半藤　今の天皇（現・上皇）が四十年くらい前、美智子さんと一緒にアフガニスタンを訪問したことがあるそうですが（一九七一年）、その頃は王朝があったんですかね。

中村　ザヒール王朝が一九七三年までありました。

半藤　王朝同士の挨拶か何かで行かれたらしくて、とても穏やかないい国という印象だったそうです。そういう時代もあったんですね。

中村　今も言われるほど悪くないですよ。戦国時代でも戦国時代なりのルールがあります。歴史書はさわりだけをつなげてあるから活劇場面ばかりで、これじゃあ落ち着くまいと思ってしまいますが、しょっちゅう戦争をしていたわけではない。それに戦乱の渦中にいる人でも朝起きてお祈りをし、トイレに行き、朝ごはんを食べ、という日常はあって、それはニュースにはなりません。

半藤　日本でも、川中島の戦いのとき、信濃の百姓は遠巻きにぼんやり見ていたそうです。現地で今は、おもにどのような仕事をされているんですか。

中村　現在、力を入れているのは取水堰で、これは日本の技術です。パシュトゥン人の生存の基盤である農業が、渇水と洪水で危機に晒《さら》されています。おそらくアフガニスタンは戦争では滅びませんが、旱魃によって滅びえる。天皇陛下が訪れた頃は食糧自給率が一〇〇パーセントに近い自給自足の国でしたが、今は五〇パーセントを割っています。実際、昨年まで青々として何万人も住んでいた村が、一年でまるごとなくなる事態が今も進んでいるんです。ですからいかにして川から水を取るか、これがわれわれの大きなテーマです。

ただ水を取り込む場所は、同時に洪水も取り込みやすい。洪水と渇水、この両者に耐える堰が理想ですが、日本ではすでに江戸時代に確立された斜め堰というのが唯一、九州の朝倉市に原型をとどめていて、それをモデルにしています。再現するのに七、八年かかりました。用水路を掘っても取込口から水が入ってこなければ何にもならない、その一番肝腎なところに、日本で二百年前に確立した技術を利用しているわけです。その完成度がだんだん高くなってきて、近隣のあちこちの取水堰に広げて回っています。これによって一万四千ヘクタールが灌漑され、生活が成り立つ人が六十万人を超えました。ただアフガニスタン全体から見ればごく一部で、さらに拡大していくことを目指しています。

半藤　それは何年ぐらいかかるのですか。

中村　いやあ、死ぬまでやらないと……いい加減にやめるとなぶり殺しですね（笑）。

半藤　日本は水利に関しては昔からかなり高度の技術を生んできたんですね。

中村　私もこの仕事をして初めて気がつきました。日本は明治維新で西洋の文物が入ってここまで羽振りのいい国になった、と習ってきたのですが、欧米の文物が来る前に、日本はすでに世界一の治水技術をもっていたんです。

半藤　信濃川の用水も立派な堰があり、箱根用水もある。先覚者がいたんですね。

中村　しかも、天才的な人なら世界にぽつぽついますが、日本の場合は層が厚い。単にどこその一庄屋の話ではなくて、それを支える理論的な背景の数学も、侍や庄屋から大工までが微分・積分をやっていたのは日本だけです。今われわれも、何ヘクタールの乾燥地帯なら毎秒何トン必要といった水量計算をしますが、日本ではそれを大工さんまでが知っていた……もはや私の肩書は（名刺を見せて）日本土木学会員です（笑）。近代的なコンクリート工事の弊害をよく知っている河川工学をやっている方に、私の仕事の理解者がわりと多いんです。昔の治水思想に戻るべきだという考えが最近の有力な流れとしてあって、そういう人たちが非常に興味をもって下さっています。

半藤　先生の一連のお仕事には、若い頃に読んだ内村鑑三の『後世への最大遺物』が大きく影響されているとか。

現地で重機を運転する中村医師。もはや土木工事のプロ？

中村　内村鑑三は、日本的なアイデンティティを失わなかったクリスチャンとして非常に好きなんです。

半藤　彼は日露戦争中、日本人としては珍しいくらいに冷静でした。『デンマルク国の話』には「国は戦争に負けても滅びません。実に戦争に勝って滅びた国は歴史上けっして少くない」とあります。

中村　その通りだと思います。アメリカももうすぐ……（笑）。アメリカがなくなっても、われわれの取水堰は残ると言えば、皆が喜んで働くんですよ（笑）。

半藤　一方で、治水で失敗して失脚した人もたくさんいますし、治水というのはほんとうに重要な仕事なんですね。

中村　ただの工事ではありません。それによって千単位、万単位の人が暮らせるかどうかがかかっています。ある意味で戦争以上に緊迫しています。

時代が変わっても、われわれがなぜ『史記』の時代の物語をいきいきと読むのか、墨子がなぜ偉いのか。春秋戦国だろうが、日本の戦国時代だろうが、ピラミッド状の封建社会の中でも人びとにはいろんな喜怒哀楽があり、さまざまに葛藤しながら暮らしてきた、それは宗教のスタイルも関係なく、われわれとちっとも変わりません。今、一番気に食わないのは、西洋的なデモクラシーを入れないと人間は幸せになれないという驕《おご》りです。ならば江戸時代の女性は皆不幸だったか、私はそういう気がしない。その時代の枠組の中で、たとえば自分の気に入った気立てのいい男性と一緒にいられる幸せなどは、今と同じでしょう。たとえ男女平等の時代になっても、暴力をふるう男性と一緒になれば不幸です。そういうことは言わずに、経済や社会体制が変われば至福が来るかのような風潮です。人を殺してまでその体制を入れる必要があるのか。これを言うと叩かれるので、あまり大声で言わないようにしています。

半藤　先生はもう、叩かれてもまったく平気でおられればいい（笑）。

中村　今日は楽しかったです。若い人や理論家の方と話していると、「先生はなぜ頑張れるのですか、原動力は何でしょう」という話ばかりで、結局、男は度胸、女は愛敬でしょうというのを上手に言い換えるのはどうしたらいいかと（笑）。

半藤　つまり、これが男の生きる道、です。

中村　浪花節《なにわぶし》みたいですね（笑）。八十歳以上の方になると「頑張るねえ、しっかりやって下さい」、それだけで、理屈は問わない。日本人の心性が変わってきているのかなあと感じます。気障《きざ》なことを言えば、「情けは人のためならず」です。そしてあえて「女も度胸、男も愛敬」でいきたいですね（笑）。

（二〇一二年六月八日　東京にて）

中村哲（なかむら・てつ）
一九四六年福岡県生まれ。九州大学医学部卒業後、国内の病院勤務を経て一九八四年、パキスタンに赴任。東部アフガニスタンに活動を広げ、NGOペシャワール会現地代表として、貧困層の診療、さらに旱魃対策として主に水利事業に携わる。「アジアのノーベル賞」とも言われるマグサイサイ賞（二〇〇三年）など受賞多数。著書に『医者井戸を掘る――アフガン旱魃との闘い』『医は国境を越えて』『アフガニスタンで考える――国際貢献と憲法九条』などがある。二〇一九年十二月四日、東部ナンガルハル州ジャララバードを車で移動中に銃撃に遭い逝去。

[著者]
半藤一利（はんどう・かずとし）
1930年、東京生まれ。東京大学文学部卒業後、文藝春秋入社。「週刊文春」「文藝春秋」編集長、取締役などを経て作家。著書は『日本のいちばん長い日』『漱石先生ぞな、もし』（正続、新田次郎文学賞）、『ノモンハンの夏』（山本七平賞）、『「真珠湾」の日』（以上、文藝春秋）、『幕末史』（新潮社）、『B面昭和史 1926-1945』『世界史のなかの昭和史』（以上、平凡社）など多数。『昭和史 1926-1945』『昭和史 戦後篇 1945-1989』（平凡社）で毎日出版文化賞特別賞を受賞。2015年、菊池寛賞を受賞。2021年1月12日逝去。

平凡社ライブラリー 919
墨子《ぼくし》よみがえる　"非戦《ひせん》"への奮闘《ふんとう》努力《どりょく》のために

発行日…………2021年5月10日　初版第1刷
2022年3月30日　初版第6刷

著者……………半藤一利

発行者…………下中美都

発行所…………株式会社平凡社
〒101-0051　東京都千代田区神田神保町3-29
電話　(03)3230-6579［編集］
(03)3230-6573［営業］
振替　00180-0-29639

印刷・製本……中央精版印刷株式会社

DTP…………平凡社制作

装幀……………中垣信夫

ISBN978-4-582-76919-7
NDC分類番号124.3　B6変型判（16.0cm）　総ページ280

平凡社ホームページ　https://www.heibonsha.co.jp/